改变中国的真理力量

岳奎 臧志◎主编

中国出版集团
研究出版社

图书在版编目 (CIP) 数据

改变中国的真理力量. 第一季 / 岳奎，臧志主编. — 北京：研究出版社，2024. 8. -- ISBN 978-7-5199-1697-8

Ⅰ. D61

中国国家版本馆CIP数据核字第20244FU132号

出 品 人：陈建军
出版统筹：丁　波
图书策划：寇颖丹
责任编辑：朱唯唯　何雨格

改变中国的真理力量 第一季
GAIBIAN ZHONGGUO DE ZHENLI LILIANG DI YI JI
岳 奎　臧 志　主编
研究出版社 出版发行
（100006　北京市东城区灯市口大街100号华腾商务楼）
北京新华印刷有限公司印刷　新华书店经销
2024年8月第1版　2024年8月第1次印刷
开本：710毫米 × 1000毫米　1/16　印张：16.5
字数：203千字
ISBN 978-7-5199-1697-8　定价：78.00元
电话（010）64217619　64217652（发行部）

党的创新理论“飞入寻常百姓家”的有益尝试

湖北广播电视台党委书记、台长　王　彬

党的二十大报告明确提出了以中国式现代化全面推进中华民族伟大复兴的任务。2022年10月，我们台推出《改变中国的真理力量》第一季，当时引起了较大的反响。2023年《改变中国的真理力量》第二季节目紧扣习近平总书记高度关注的5个方面问题，以湖北的独特探索和实践为基础，通过一个个故事的讲述呈现出湖北在中国式现代化实践中的创新和探索，生动展现创新理论的真理力量，实现了理论节目的又一次新跃升。我们创办这个节目的初衷是让创新理论“飞入寻常百姓家”，节目主要有以下几个特点。

一是以故事讲道理，用事实讲真理。通过讲故事的方法讲道理对电视媒体来说本身就是一个难点。在创作第一期节目时，时任省委常委、省委宣传部部长的许正中同志指出，我们做节目不能仅仅灌理论，而应通过逐个故事的讲述，让观众从中悟出道理，感悟到真理的力量。只有将理论节目办得有趣、好看，让观众喜欢，才能达到理论节目的传播目的。

二是化抽象为具体，以共鸣传递温度。真理不仅仅是理论观点的表述，更是思想和智慧的结晶。《改变中国的真理力量》成功将抽象的理论理念转化为具体形态，通过真实故事和鲜活人物，使观众能够身临其境，感同身受，从而更好地理解和领悟到真理的力量。这种方式让真理不再仅仅是一种概念，而成为触手可及的力量，激发了人们对真理的热情追求。每位在节目中登场的鲜活人物都是中国力量的生动代表，他们的坚韧不拔、不懈奋斗以及辛苦探索令人钦佩。正是因为如此，观众才能够对他们的故事产生共情，并对真理产生共鸣。

三是形式服务内容，创新印证真理。改变意味着进步和发展。这正是习近平新时代中国特色社会主义思想的核心要义，也是《改变中国的真理力量》的内在诉求。节目以其创新的表达方式和多元互动模式，成功呈现了湖北改革的巨大变化，深刻展示了习近平新时代中国特色社会主义思想的实践伟力。在表达方式上，节目既有总结式和数据式回顾，也通过“角度降维”和叙事拆分进行微观表述。既有湖北成就经验的宏观描摹，也有微观世界、人情故事的细节刻画。在互动模式上，节目通过邀请专家学者、科研工作者、普通群众、高校大学生、网民等不同群体的互动交流，打开了深入理解习近平新时代中国特色社会主义思想科学真理性的思想之门，为观众提供了多层面、宽领域的观点和见解。在互动模式方面，制作团队采取了一系列精心策划的举措，旨在让观众更深入地理解习近平新时代中国特色社会主义思想的科学性、真理性。专家学者深刻阐释习近平新时代中国特色社会主义思想，有助于观众更好地理解这一思想的科学性和真理性。科研工作者则通过分享自己在实际研究项目中对这一思想的运用和验证，将抽象理念转化为实际行动，让观众更好地理解创新思想的实践价值。高校大学生和网民的参与为节目注入了年轻活力，为观众提供了多层面、宽领域的观点和见解。普通群众作为湖北改革发展的亲历者，更容易引发观众的情感共鸣。改变是一个永恒的话题，而真理则是指引前行的明灯。

在《改变中国的真理力量》节目中，真理与改变相互交织，形成一种强大的力量。湖北的故事告诉我们，只有坚守真理，不断改变，才能走向更美好的未来。节目以中国话语展现了充满权威依据和底气的理论观点和核心观念，将互动思考和价值融入到思政内容的传播中，让观众更加坚定地相信，因为有真理之光和改变之力，中国梦终将会变为现实。《改变中国的真理力量》节目的创作是湖北广播电视台勇担使命，不断推动理论“飞入寻常百姓家”，以及通过描述湖北变化，展示党的创新理论实践伟力的一种尝试。

目 录

第1篇

老药箱见证时代变迁

——新时代的理论飞跃

嘉宾介绍

张维为，中共党员，1957年12月生于上海，祖籍江苏南通。中国政治学者、作家。毕业于复旦大学外文系，日内瓦大学国际关系学硕士、博士。复旦大学特聘教授，复旦大学中国研究院院长，国家高端智库理事会理事，上海春秋发展战略研究院高级研究员。中国发展模式研究中心主任，瑞士日内瓦外交与国际关系学院访问教授、亚洲研究中心高级研究员，上海社会科学院世界中国学研究所所长，曾任邓小平高级翻译。

岳奎，中共党员，1980年生，政治学博士，华中科技大学马克思主义学院院长、教授、博士生导师。现为华中科技大学党建研究中心主任、湖北省中国特色社会主义理论体系研究中心华中科技大学分中心常务副主任、湖北省新时代文明实践研究院院长。入选国家万人计划青年拔尖人才（第五批），湖北省高等学校中青年马克思主义理论家培养计划人才（第六批），湖北省督学（第八届）。兼任湖北省高校青年研究会会长、中国马克思恩格斯研究会理事、中国国际共运史学会理事、21世纪马克思主义研究会常务理事、湖北省中共党史学会常务理事。湖北省党建研究会特邀专家，中共湖北省委讲师团特聘教授。长期致力于中共党史党建、马克思主义中国化研究。近年来，主持国家社科重大专项项目1项，国家级、省级社科项目22项。在《中国社会科学》《马克思主义研究》《人民日报》《光明日报》《经济日报》等期刊报纸上发表学术论文100余篇，多篇论文被《新华文摘》《中国社会科学文摘》转载，出版多部著作。

李发从，中共党员，1970年3月生，湖北省宜昌市长阳土家族自治县榔坪镇乐园村卫生室村医。李发从所在的乐园村，诞生了新中国第一个农村合作医疗试点。1990年，他正式成为村里第一个受过专业教育的村医。他和前辈师爷、师父一样，克服万难，坚持办好合作医疗。他心中永葆一颗初心——绝不能让合作医疗的种子在自己手里传丢。他扎根大山30余载，心中始终装着村民，从“两条腿”到“两个车轮”，他挎着药箱守护了村里三代人的健康。

引子

一个小小的药箱，见证了时代的变迁和老百姓大大的幸福。小小药箱代表的医疗保障“长阳解法”成为当地老百姓的“医靠”。农村医疗保障的发展随着时代的发展不断造福百姓，这一切得益于中国特色社会主义制度的不断发展，得益于习近平新时代中国特色社会主义思想的强大力量。《改变中国的真理力量》第一集，邀请复旦大学中国研究院院长张维为、华中科技大学马克思主义学院院长岳奎，引领读者深入理解习近平新时代中国特色社会主义思想的理论飞跃和真理力量。

本集内容

陈超*：

习近平总书记在2016年召开的哲学社会科学工作座谈会上指出，这是一个需要理论且一定能够产生理论的时代，这是一个需要思想且一定能够产生思想的时代，我们不能辜负了这个时代。

短片画外音

1981年，全球每100个贫困人口中有46个中国人，而到2020年，全球贫困人口中已经没有中国人了。在2012—2020年，中国有近1亿贫困人口脱贫，平均每年脱贫超1000万人，相当于每3秒就有一个人脱贫。截至2020年，中国全面消除贫困，提前10年实现联合国2030年可持续发展议程的减贫目标。

---

* 陈超：栏目主持人。

陈超：

关于精准脱贫，湖北省也交出了一份完美的答卷。在2021年4月，湖北省581万贫困人口全部脱贫，37个贫困县全部摘帽，4821个贫困村全部出列。

中国脱贫攻坚为何能够取得如此伟大的成就？这离不开伟大理论的指导。这个科学理论到底是什么？为何能够拥有如此巨大的能量呢？我们非常荣幸地邀请到了复旦大学中国研究院院长张维为教授、华中科技大学马克思主义学院院长岳奎教授共同探讨这一话题。

张维为个人演讲

中国人认为，一个优秀能干的领导人要有远见卓识，而且需要具有作出艰难决定的能力。习近平总书记16岁下乡插队，在农村度过了7年时光，所以他非常了解中国的最基层。从最基层的村到县到市到省到中央，这些经历让他获得了非常丰富的知识和经验。所以习近平总书记在人民心中深孚众望。

同样，习近平总书记提出的以人民为中心的发展理念，让更多人民受益。我们在过去的十年内，严格讲是八年多，以人民为中心理念和精准扶贫的思想，使中国最后的将近1亿人脱贫，彻底告别了绝对贫困，从而完成了在全国范围内消除绝对贫困的目标。

综上，我们能够更加全面、更加深刻理解习近平新时代中国特色社会主义思想，理解这个思想对中国乃至整个外部世界的深远意义。

陈超：

我想刚才（张维为）可以说是从一个国际化的视野，分享了自己对于习近平新时代中国特色社会主义思想的理解，那究竟应该怎样来理解这一思想呢，岳教授？

岳奎：

习近平新时代中国特色社会主义思想，它是一个博大精深的理论体系，归纳概括起来就是“十个明确”“十四个坚持”。“十个明确”它是偏理论的，“十四个坚持”是偏实践的，教我们怎么去做的。那么这“十个明确”“十四个坚持”，又构成了一个从理论到实践的体系，并且每一条都跟我

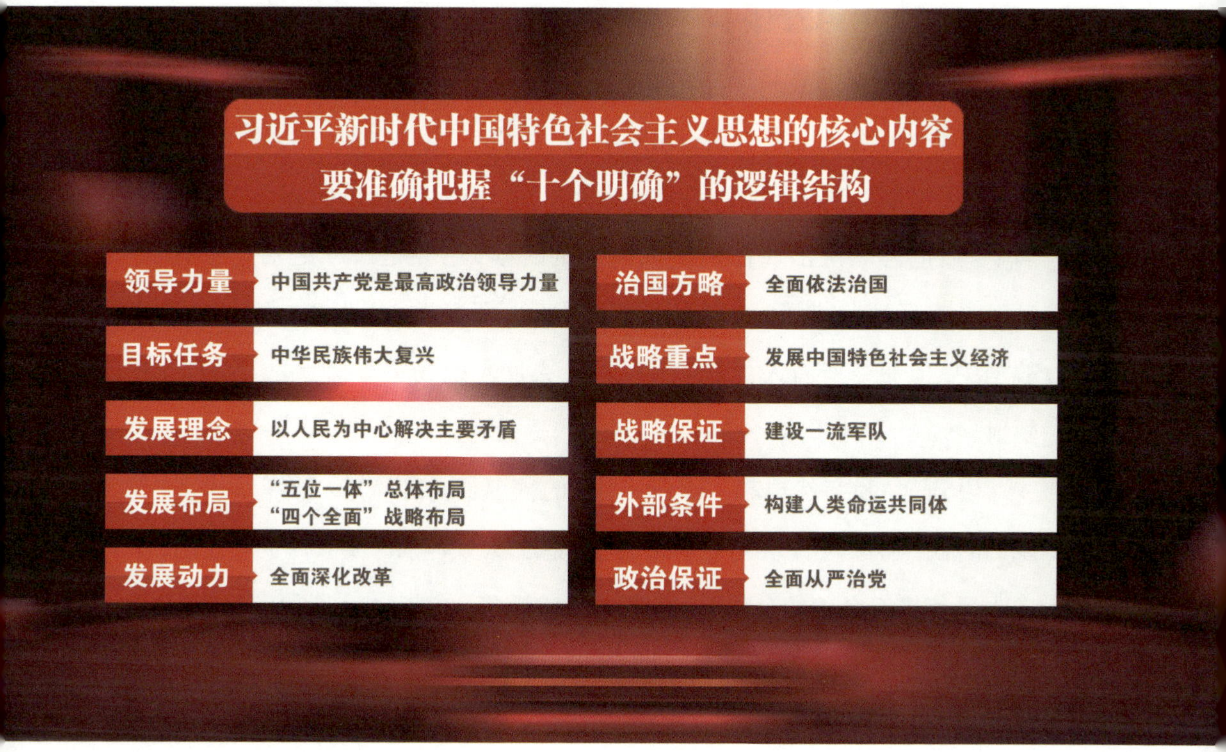

们的生活是息息相关的。

比如说“第一个明确”，中国特色社会主义最本质的特征就是中国共产党领导，为什么说是中国共产党领导呢？以前我们跟大家讲，说是历史和人民的选择，那中国共产党是靠什么赢得人民群众的支持？中国共产党从成立以来正是靠不怕流血牺牲、全心全意为人民服务赢得了人民的支持。

据统计，从1921年中国共产党成立到1949年中华人民共和国成立，这28年间，在全国牺牲的有名可查的烈士就有370多万人，平均每一天就有300多人为我们新中国的成立而牺牲。我看今天在座的年轻人比较多，我给大家举一个例子，一位中国人，26岁的时候，他拿到了美国博士学位，但是在他拿到博士学位的第九天，他回去告诉他老师，我要回国。他老师愣住了，可是，前几天不是刚跟你谈好的吗？你回国，你的国家什么样？你心里没个数吗？但是在他的坚持下，1950年他回到了一穷二白的中国。当他34岁的时候，有一天他对他夫人说，我要出趟差，他夫人就问他，你去哪啊？去多久啊？干啥啊？他说不能告诉你。从此以后，他就消失在所有熟悉他的人当中，当他再一次出现在他夫人面前的时候，已经是28年之后了，那时他已经是直肠癌晚期了。他就是我国科学家，邓稼先。因为在一次核试验事故当中，他命令所有人原地待命，一个人冲入现场去处理事故，受到了核辐射。

说到这，我突然想起一个细节，他的警卫员叫游泽华。游泽华讲，在住院的时候，邓稼先有一次突然跟他说，想去天安门看一看。到了天安门，坐在人民英雄纪念碑的台阶上，邓稼先问游泽华，30年之后，还有人记得我们吗？这样，当祖国50岁的时候，你到我坟头上，给我讲讲祖国的故事。

隐姓埋名铸就千秋功业，正是由于像邓稼先一样的共产党人的努力，我们的生活才有今天的模样。这种全心全意为人民服务的宗旨，是渗透到中国共产党人骨子里边的东西。

2019年3月，习近平主席对意大利进行国事访问，意大利的众议长菲科问习近平主席，你当选国家主席是一个什么样的心情？习近平主席脱口而出：我将无我，不负人民。

陈超：

您刚刚说邓稼先先生说30年之后，还会不会有人记得他们，别说30年，300年，我相信这些伟大先驱者的名字都会永远地印刻在我们每一位中国老百姓的心坎上。张教授，您在听了这些故事之后，有什么样的感受想和大家分享呢？

张维为：

我比较荣幸，在20世纪80年代中期，给党和国家领导人做过不少次翻译。我当时和西方学者讨论，我说中国工农红军长征走过的路，你体验过一次就知道了，你一天都受不了，这些人都是经过长征走到胜利的。如果没有信仰，怎么可能坚持下来？这背后就是我们的制度自信、道路自信，有红色基因在里面，所以我觉得这个很重要。

陈超：

新中国成立以来，历经风雨，让我们从一位乡村医生的故事来感受变化，以及内蕴其中的，全心全意为人民服务、以人民为中心的理念。

短片画外音

我叫李发从，是湖北省宜昌市长阳土家族自治县榔坪镇乐园村的乡村医生。1989年我的师父入编了，要调走，师父就让我来接他的职。当时看到他当医生很受人尊重，所以我就走上了这一行，一走就三十几年了。近十年，政策是越来越好，特别是新型农村合作医疗。

2010年一个村民检查出来肝硬化腹水，医生说要做手术，自己要出13万多元，自己没有那么多钱，就没有做那个手术。2012年通过村干部和李医生的帮忙，他被纳入低保，纳入低保后自己出了一万多元，就把手术做了。他十分感谢党、感谢政府。

原来有种说法，叫“小病拖、大病挨，拖去拖来进棺材”。但是现在有了新型农村合作医疗和居民医保，居民报销比例又高，特别是一些特殊人群，报销比例高达95%以上，老百姓的生活水平也提高了，人的寿命也提高了。包括对我们乡村医生的福利也提高了，我们的待遇也蛮好。

陈超：

这个短片为我们展现了来自我们湖北省宜昌市长阳土家族自治县榔坪镇乐园村卫生室的一位普通乡医的故事。李医生给我们带来了两份礼物。

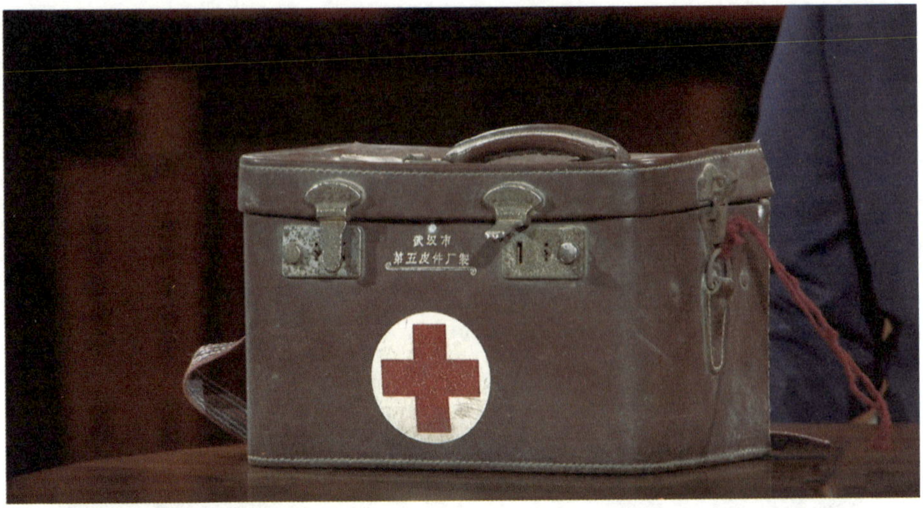

李发从：

这个药箱是合作医疗之父覃祥官医生的，1982年他传给我的师父李兴成医生，在1990年又传给了我。当我的师父亲手把这个药箱传给我的时候，我捧着这个药箱，感到自豪、荣幸，但更重要的是，我感觉到肩上还有很大的责任。

陈超：

当您最初捧出这个药箱来的时候，我们看到它上面有些尘土，而且有一些破损的痕迹。但是没想到它的背后还有着这样一段故事，而且已经传承了师徒三代人了。

李发从：

三代人。我的师爷覃祥官他有很多故事，在这里我就聊一聊，他首创合作医疗成功的故事。那是20世纪60年代，我们农村看病贵，看病也很困难，老百姓都吃不上药。覃祥官医生就在这办起了合作医疗。资金每人每年交一块钱；村大队的提留，每人每年五角钱；患者每次吃药的时候，交五分钱的挂号费，即后面习惯称之为合作医疗的“155工程”。这样因为搞合作医疗就解决了当地老百姓看病难、看病贵、缺医少药这个问题。

李发从：

村里给老百姓发的健康扶贫建档立卡袋里面也装有与健康有关的所有资料。我手里的这份装的是村民覃万寿父子住院的结算单。里面有近几年他们住院的清单，其中，覃万寿在2022年的上半年，住院了四次，总费用是11000多元，自己只负担约560元，报销比例达到95%。

陈超：

现在在乐园村老百姓看病，大概是一个什么样的流程呢？

李发从：

就是一张卡。原来是一张卡，叫社保卡。这张社保卡，住院也是它，在我们镇里、村里，还有门诊，一天可以最高报销27元。现在又推行了电子医保卡，电子医保卡在手机上注册，我不需要随身携带卡片，只需要用手机操作即可享受报销比例。

陈超：

所以现在在村里看病，咱也是带一个手机就可以解决一切问题。

李发从：

不仅是村里，在镇里、县里、市里，只要有手机就能用电子医保卡。

陈超：

真的要为您和您的同事们，包括您的前辈们点赞。我相信这一切的背后，除了我们每个人自己的努力之外，其实是离不开国家的政策扶持。

李发从：

确实是离不开国家和政府的大力支持。是这样，比如2017年的时候，国家搞健康扶贫总攻坚。在长阳土家族自治县住院的就有“四个保障”，同时还推行了“985政策”。什么叫“985政策”呢？就是住院每次报销比例要达到90%，“8”就是特殊慢性病门诊报销达到80%，“5”呢，是每人每年住院的费用，个人负担不超过5000元。这样老百姓生病，就有资金保障了，就可以放心去住院。像我们榔坪镇卫生院，65岁以上的老年人每年体检一次，并开设了和上级医院的网络复诊，这样我们老百姓在家里、在家门口，就可以

享受到教授的诊疗，大大降低了老百姓诊疗的成本。所以说，我们老百姓对这个政策非常感激，特别是近十年以来，享受的福利是越来越高，身体也是越来越健康。包括我们的乡村医生，近十年来待遇也是越来越高，特别是公共卫生服务那一项。所以说，现在，也是我们最幸福的时代了。

张维为：

我谈谈感想吧，我已经十年不用“发达国家”这个词了，除非是引用别人的观点，因为西方国家做不到，美国根本做不到。我看了统计数字，36%的美国人，对于要不要去看病，他是要做思想斗争的。一个最重要的原因是，美国有很大比例的人口，大概为数千万人，到现在为止都没有医保。美国的医保是很贵的，一个月500美元是起码的，但就算你买200美元的，250美元的，很多病也是看不了的。很多人觉得身体还扛得过去，就不参加医保了。所以遇到病，他就要犹豫了，我是去还是不去。所以你看海外华人回中国，回到国内要做的第一件事就是体检。中国是普及的，每个单位都有体检。这些都是我们社会主义制度优势的体现，随着国家的富强，我们今天人均预期寿命也超过美国了，美国人均预期寿命是76岁，我国人均预期寿命是78岁。所以制度优势越来越明显。

陈超：

咱们经常说身体是革命的本钱，其实我相信，健康包括医疗，就是民生的一个很好的体现。所以你看现在咱们乐园村的老百姓，可以说是生活在乐园当中，这健康有保障，心情都欢畅。在这里，我觉得我们大家也应该再一次为以李医生为代表的，我们广大人民群众的“医靠”点赞，你们辛苦了。

理论来源于实践，我们相信理论同样也可以投射到实践当中，所以接下来我们也想请教一下岳教授，刚才李医生跟我们分享的这一段经历和故事，它折射出的中国特色社会主义优势的具体体现有哪些？

岳奎：

其实我有一个感触，我觉得作为一个中国人，是一件很幸福的事情。党中央有兜底的政策，如果说你大病报销到95%，几乎自己不需要出什么钱，所以说这也深刻体现了人民至上这个理念。

陈超：

通过您刚刚的解释，我们也感受到了“十个明确”，可以说是高屋建瓴，充满了智慧。在这后面还有五个字，“十四个坚持”，这“十四个坚持”，我们应该怎样来理解？

岳奎：

“十四个坚持”，是“十个明确”的进一步的具体化，它是偏实践的，是指导我们实践中应该怎么做，也就是告诉大家我们建设中国特色社会主义，实现中华民族伟大复兴，我们的目标，我们的步骤，怎么弄，我们去干啥，很具体，并且每一条，也跟我们老百姓是息息相关的。

比如说依法治国，党的十八大以来，习近平总书记非常重视依法治国，把依法治国作为我们国家治理的一场深刻革命，因为依法治国跟我们普通老百姓是息息相关的。

短片画外音

作为一名律师，我们对身边的一些法治变化，还是印象很深刻的，比如说《民法典》颁布之后，相关的法律规定越来越健全。

对于上五休二，每周40个小时的工作制，大家都有这种法律的意识，去保护自己的权益。

现在变化真是太大了，比如我的车子停到违章的地方，交警会先用短信的形式通知我，要我立马离开。

以前在外面打工遇到很多问题，我们可以通过“12333”进行劳动仲裁，来保护我们自身的利益。

网警现在做得特别好，不像以前到处有胡乱的弹窗，现在各种网络平台都做得特别好。

现在老百姓素质普遍提高了，有什么事情知道找当地居委会来解决，居委会如果实在解决不了，调解不好的，还可以找到派出所，进行调解来解决问题。

民众法律意识普遍增强了，他们知道用法律的武器来保护自己的合法权益。现在老百姓不管是大事小事，都会寻求法律的帮助，也会找警察来帮他们解决困难，这也是法律意识增强的一个表现。

陈超：

所以您看法治真的是涵盖了我们生活的方方面面，张教授您看了这段短片之后，有什么样的感受？

张维为：

我倒是有一个宏观的判断，我们在国际交往中，有时会碰到一些不同的说法。我就跟他们说其实是很简单的道理，我说你知道中国是吸引外资最多的国家，中国是世界上最大的投资市场、最大的消费市场、最大的房地产市场，等等，怎么可能没有法治，没有法治，人家怎么可能把资金放到这，怎么会去买房子？

陈超：

没有法治你们敢来吗？

张维为：

对，所以中国一定是依法治国的国家，但是我们确实有些地方不够完善，我们逐步在改进。所以我老说一个国家，良性的运作是政治力量、社会力量、资本力量取得一种有利于绝大多数人的平衡，前提是在党的领导下，能够形成这样一种平衡。

岳奎：

党的十八大以来，中央非常重视法治建设，我们从党的领导，到立法机关立法、行政机关执法，再到司法机关司法，还有全民守法，构建了一个严密的体系，哪个部门立法，哪个部门主管的，哪个部门负责普法是有具体要求的，各司其职。

陈超：

张教授，您在学习习近平新时代中国特色社会主义思想的时候，有什么独到的心得体会，可以分享给我们吗？

张维为：

比如我跟美国人讲，习近平总书记提出，人类命运共同体，某种程度上是对我们这个时代特征的一个判断，世界发展到这个地步，全球化走到这个阶段，确实是你中有我、我中有你，大家逐步走向一个命运共同体，这是一个真理的揭示。现在的人类共同价值，和平发展、公平正义、民主自由，我们把和平发展放在最前面，这个顺序非常重要。

我们中国的"一带一路"，在非洲做了很多事情，非洲是世界人口增长最快的地方，欧洲应该参加"一带一路"，哪怕做你们自己的"一带一路"都可以，只要能帮助人家实现和平与发展，这个叫治本。光治标是治不了的，习近平总书记的理念和思想是一种政治智慧，它确实是有全球意义的。

现场提问

问题1：

我是来自华中科技大学的一名学生。我想问您的是理论学习看起来和我们普通老百姓关系不大，那么它对我们有什么指导意义呢？

岳奎：

其实老百姓对国家大事特别关心。理论飞入寻常百姓家，习近平总书记讲啥了？对我们老百姓有什么实惠？有什么政策出台？他会拉着你问。这说明老百姓非常渴望理论指导，也说明理论可以满足我们每一个人。

张维为：

20世纪60年代，当时中国和西方没有什么接触，西方怎么研究中国呢？

他们到香港，香港有些从广东过去的农民，他们采访这些农民。他们发觉一个很有意思的现象，中国的农民只要受过初中教育，在接受采访的时候，就说受过基本的马克思主义哲学的教育。

当时我们也有政治宣传什么的，他们或主动或被动地受到一些影响：懂得一分为二是重要的理论思维的方式。我从这个角度说明，就是这种理论的建构，有的不一定是非常高大上的，有的是一些很普通的，但用这种方法讲马克思主义的历史唯物主义、辩证唯物主义的思想观点方法，是绝对站得住脚的。

云上学习团

我是在日本东京艺术大学留学的林煜涵。我想问的是，我们总说西方政治模式不适合中国，为什么亚洲除了中国以外的几个国家，几乎都采用了西方政治模式？

张维为：

大概是八九年前，一个美国挺有名的主持人，他也问了我这样一个问题，你老说西方制度不适合中国，但是你看看亚洲国家几乎都采用西方的政治制度。我说很简单，因为我们中国过去30年整体取得的成就，超过其他亚洲国家成就的总和。他说你有数据吗？我说当然有数据了，消除贫困的人数，创造中等收入群体的人数，对世界经济整体的贡献率超过30%，还有其他的数据，这就说明我们这个模式成功了，我们的制度成功了。这么多非西方国家，有发展得比较好的，也有发展得不怎么好的，我们能找到自己的成功道路，这叫中国特色社会主义道路，这是很不容易的。

陈超：

实践出真知，伟大的理论一定是来源于实践，而且我们的中国道路是我们自己走出来的，我们要有这个自信，而且继续坚定地走下去。所以今天再一次感谢两位教授给我们带来的分享，也感谢我们现场的朋友，还有云上学习团的朋友参与我们今天的讨论，让我们所有人，对习近平新时代中国特色社会主义思想有了更加全面、更加精准的认识。

扫一扫观看更多精彩

第2篇

高铁驶进神农架

——新常态下的发展格局

嘉宾介绍

杜莉，经济学博士，武汉大学经济与管理学院教授，珞珈特聘教授。现任欧洲问题研究中心副主任，兼任中国美国经济学会理事、湖北省世界经济学会副会长，商务部对外贸易专家工作组成员，湖北省委宣讲团成员。

首批国家级一流本科课程（“金课”）主持人，湖北名师工作室主持人。先后获得首届全国高校青年教师教学竞赛一等奖，湖北省第二届青年教师教学竞赛一等奖及武汉大学第四届青年教师教学竞赛一等奖，湖北省高校思政课教学优秀课程展示特等奖。2015年获评“全国五一巾帼标兵”，2010年被授予湖北省五一劳动奖章及“湖北青年教学能手”称号，2018年获武汉大学杰出教学贡献校长奖，曾获得湖北省女职工建功立业标兵、武汉大学第九届杰出青年、武汉大学最受学生喜爱的教师、珞珈抗疫·十大线上教学人物等荣誉。

在国内权威、核心期刊发表学术论文多篇，先后主持国家社科基金项目、教育部重点项目、教育部其他项目、国家级一流课程项目及省级教改项目等。先后赴美国、法国、澳大利亚从事访问研究，曾任台湾东吴大学的客座副教授。

张守东，汉族，湖北神农架人，1983年11月出生，2005年5月加入中国共产党，2005年7月参加工作。曾先后在神农架林区下谷坪土家族乡公安局、民政局工作，期间，在广东省佛山市顺德区乐从镇挂职；曾任神农架林区阳日镇党委委员、副镇长，新华镇党委副书记、政协联络组组长，大九湖镇党委副书记、镇长，宋洛乡党委书记，现任神农架林区文化和旅游局党组书记、局长。

杨荆松，神游国际旅行社总经理、神农架听溪清舍酒店管理有限公司总经理，神游国际旅行社、听溪清舍民宿的创始人，以“坚守商业诚信 践行核心价值”为经营理念，把高质量服务作为价值追求，立足社会主义核心价值观，宣传、普及、执行各行业部门的政策，任第九届、十届政协委员期间，深入调研，及时反馈涉及相关领域的意见和建议，为林区发展做出贡献。

通过不断努力，获得林区党委政府及社会各界好评，近年来，先后获得第二届全国“书香之家”、林区“十佳旅游企业”、林区“十佳旅游经理”、木鱼“最美民宿”等荣誉。

引子

高铁驶进神农架——新常态下的发展格局

高铁驶进神农架，让千千万万神农架旅游从业者受益匪浅。据神农架林区文旅局局长张守东介绍，一些小众的旅游项目也开始进入大众视野，如观鸟、观星等。“火车一响黄金万两”，郑渝高铁的开通，打通了“行”的“堵点”，更把“食、住、行、游、购、娱”各层面的需求拉了起来。新发展格局是以习近平同志为核心的党中央积极应对当前形势作出的重大战略决策，是“十四五”以及未来更长时期我国经济发展的主线，是习近平经济思想引领中国经济巨轮迎风搏浪的真理力量！

本集内容

陈超：

各位好，欢迎来到《改变中国的真理力量——〈习近平谈治国理政〉第四卷学习辅导公开课》，我是陈超。

今天除了现场的各位朋友，我们还有30位云上学习团的成员正在线上观看我们的节目，欢迎各位，欢迎大家。

正如刚才这段短片所展示的，我们湖北近几年的发展可以说是取得了很不错的成绩。特别是在内外部环境日趋严峻的当下实属不易。从国际看，世界百年未有之大变局，进入加速演变期，国际形势错综复杂；从国内看，中国经济正经历转型阵痛，下行压力加大。所以习近平总书记提出，构建以国内大循环为主体、国内国际双循环相互促进的新发展格局，是根据我国发展阶段、环境、条件变化，特别是基于我国比较优势变化，审时度势作出的重大决策。构建新发展格局是事关全局的系统性、深层次变革，是立足当前、着眼长远的战略谋划。

在本期节目当中，我们将带着大家共同来解读新格局的“新”究竟新在哪里？新格局如何构建？我们非常荣幸地邀请到了两位专家参与今天的讨论，首先，我要为大家介绍的是武汉大学经济与管理学院的杜莉教授，欢迎您。

杜莉：

大家好。

陈超：

接下来要为大家介绍华中科技大学马克思主义学院院长岳奎教授，欢迎您。

欢迎两位嘉宾。接下来就让我们把舞台交给杜老师，有请。

杜莉：

大家好，很高兴今天在这里跟大家做一个简单的分享。

美国次贷危机引发全球金融危机，可是大家想想，美国的次贷危机、欧洲的欧债危机，那可都是人家出了事儿，为什么我们的经济受到了很大的影响？这说明当时中国经济主要靠国际经济的体外大循环，外部的需求一收缩，中国经济就不好过，甚至面临着硬着陆的巨大风险。

2012年中国经济正式地步入了新常态，新常态的表现之一就是经济由前期的提速上行转为减速下行。

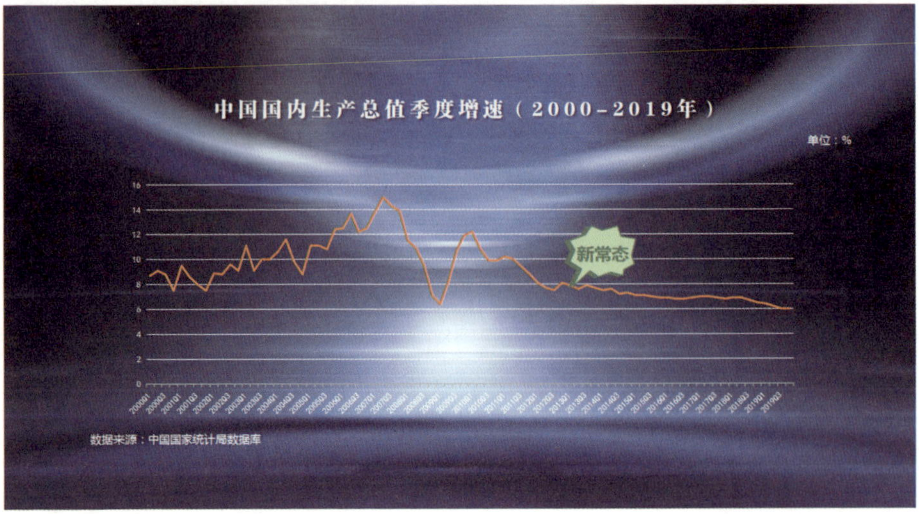

全球经济自2008年后处于逆增长环境十余年。大家应该也不难理解双循环格局提出的背景了，习近平总书记说，构建新发展格局，是与时俱进提升我国经济发展水平的战略抉择，也是塑造我国国际经济合作和竞争新优势的战略抉择。[①]

2019年的国庆假期中国境内旅游7.82亿人次，这7.82亿人次是一个什么规模？相当于比美国、英国、德国、法国、日本、加拿大、意大利七国集团成员总人口还要多。2021年国庆黄金周不论是接待游客的数量，还是旅游综合收入都超过了2019年同期水平。我们来看一个短片。

---

① 《习近平谈治国理政》第四卷，外文出版社2022年版，第114页。

短片画外音

郑渝高铁全线长1068千米，设25座车站，湖北境内线路总长约287千米，桥隧比高达97%。它的开通结束了湖北省神农架林区兴山等地不通铁路的历史，让全省初步形成了“一纵三横”高铁网络。从神农架到兴山县、巴东县等地只需不到半小时，到武汉从原来的6小时缩短到2小时。让神农架等地跻身鄂豫、鄂渝“一日游”旅游圈。

神农架站开通后，神农架的民宿预订量环比增长超50倍。林区重点旅游景区累计接待游客102.3万人次，同比增长281.2%。郑渝高铁不仅是一条穿越华中地区“两山一江”的游览观光黄金线路，更是连接华中、西南的快捷高速铁路通道，和连接长江黄河两大流域的经济大动脉。是我国“八纵八横”高速铁路网中的重要组成部分，具有重要枢纽作用。交通强国，铁路先行。湖北省内高铁里程已超2000千米，超过排名全球第五的德国全国总里程数。中国更是以超4万千米的总里程数位居第一，是世界排名第二的西班牙高铁总里程的十多倍。

中国高铁已然闪烁出最耀眼的时代光芒。

陈超：

感谢杜老师的精彩分享。我们都知道伴随着郑渝高铁的开通，神农架的旅游可以说是非常火爆，我们今天也邀请到了一位高铁开通的直接受益人，那就是在神农架经营民宿的杨荆松女士。您好！

杨荆松：

您好，观众朋友们好，主持人、两位老师好。

陈超：

欢迎杨总，真的是一位美丽的民宿老板娘。杨总给我们带来的这是？

杨荆松：

这个是我今天早晨从（神农架）市场专门买了带过来，让大家尝一尝。这个是我们神农架山里面的一种水果，叫五味子。

杜莉：

是水果吗？

杨荆松：

对，水果。

陈超：

觉得很像葡萄小时候的样子。

杜莉：

这个在武汉好像从来没有看到过。

杨荆松：

对，大家都可以尝一尝。

陈超：

你也可以拿给我们现场的观众朋友来尝一尝。

杜莉：

这个有5种味，哪5种味？

杨荆松:

有酸、甜、苦、辣、咸这5种味道。

这个实际上是非常好的一种中药材。

陈超:

我觉得这个五味子很特别，平时我们见到的药材可能都是晒干之后的。

杨荆松:

对。

陈超:

今天拿来的是新鲜的。

杨荆松:

对，新鲜的。

陈超:

而且是一大早从神农架带过来的。

岳奎:

刚出山的。

杨荆松:

我今天从神农架坐高铁过来，只花了两个小时左右就到了，非常便捷。

陈超:

我们的出行成本降低了，所以我相信大家消费、旅游的意愿会更强了。那杨总您是从哪一年开始开民宿的呢?

杨荆松：

我们民宿是2019年装修的，打算春节正式营业。因为新冠疫情的原因就停了，当时非常困难。因为装修要结给工人工资，只能找亲戚朋友借钱。后来坚持了差不多有7个多月的时间。在2020年的8月8日，我们都知道当时“惠游湖北”的政策，所有的A级景区免门票。我们“十佳民宿”才真正营业，迎来了第一拨的客人，让我们能够活下来了。

陈超：

从2020年8月8日“与爱同行 惠游湖北”的活动开展以来，在100天内汇集了5000万名游客。此项活动为游客节省了不少开支，也为我们湖北吸引来了大量的朋友。

杨荆松：

高铁开通非常便利。从开通的当天就持续满房。如果要订我们家民宿的话，至少要提前15天才能订到。

陈超：

您能不能给我们透露一下这个收入情况？

杨荆松：

我稍微透露一下吧。

陈超：

好。

杨荆松：

因为我们是通过线上和线下的渠道来销售，我们线上分了很多个平台去做销售。线上我们某一个平台一周的营业额是10万元左右。

陈超：

一个平台一周的营业额10万元左右。

杨荆松：

对。

陈超：

收入相当可观，所以说你看高铁确实是给神农架的旅游经济都带来了很大的助益。所以我们也特别感谢杨总今天带给我们的分享，谢谢您！谢谢！

杨荆松：

谢谢！

陈超：

刚才杨总给我们带来了很多分享，其实我们从她灿烂的微笑当中都可以感受到这份收获的喜悦。接下来我们还邀请到了一位神农架旅游业发展的亲历者和见证者。

让我们掌声有请神农架林区文旅局局长张守东。

陈超：

张局长，您好。

张守东：

您好，大家好，观众朋友们好。

陈超：

欢迎您张局长。我相信您对咱们神农架的发展，一定是特别有发言权了。能不能先跟我们介绍一下神农架高铁站是从什么时候开始计划建设的呢？

张守东：

神农架的高铁站从2012年就开始谋划，然后做一些前期的可行性研究、线路的勘探。而2012年的时候，我恰巧在现在高铁站所在的乡镇新华镇工作，开通的时候我又到文旅局工作。应该说高铁站也是我在工作期间看着它一步一步从规划从图纸变成现实。（神农架）高铁我们都知道一个数据，它的桥隧比超过了90%。

陈超：

所以说施工难度是非常大。

张守东：

非常大，而且我们的高铁站是从山的这边到山的那边，中间两山之间大概有800米，其中600米是建的高铁站。也就是说你都看不到高铁在哪里，但是山中间有一个站。

陈超：

所以说咱是在大山之间的一个小小的空隙之中建了一个站。

张守东：

如果不是天公作美，可能还建不了。

陈超：

高铁建成之后咱们老百姓的生活带来了哪些转变？

张守东：

高铁通了以后，神农架到武汉的距离从原来八九个小时拉近到两个小时。

陈超：

高铁站开通以来每天要接待多少游客？

张守东：

基本上每天游客是过万，实际上我们高铁站的设计容量每天大概就是两到三千人的下客量。

陈超：

远超了大家的预期。

张守东：

所以说也是幸福的烦恼。

陈超：

你看现在天气也逐渐入秋了，很多去过神农架的朋友都极力地推荐一定要在秋天的时候去神农架感受一下什么叫真正的层林尽染。

张守东：

对。

陈超：

您跟我们来介绍一下。

张守东：

我跟您介绍一下，神农架它是一个中纬度地区。四季非常分明，我们是一年有四季，一山有四季。因为垂直落差是从3000多米到300多米，所以说季节很分明。我作为神农架土生土长的本地人，我认为神农架最漂亮的还是秋色。

杜莉：

秋天。

张守东：

确实是层林尽染，原来就形容说像画家打翻的调色盘，五颜六色、五彩缤纷。

陈超：

那秋天过去之后呢？

张守东：

神农架以前冬季基本上民宿只能关门歇业。但是现在不一样，从2003年，神农架就开始做滑雪项目。但是可能那时候大家对滑雪的认知还是比较遥远。所以2003年一直到2012年左右基本十年时间我们的滑雪场是亏损的，但是从2012年滑雪场的数据慢慢变得好看了。滑雪季是跨年度，从11月底到第二年的3月份，我们神农架的雪期比较长。

去年的大众冰雪季是冬奥之前最后一个大众冰雪季，作为全国大众冰雪季的主会场，启动式也在我们神农架举办。所以说借助冬奥的东风，我们神农架滑雪季的各项数据也是历史最好的。

陈超：

我相信今年的冬天绝对值得期待。

杜莉：

对，所以刚才局长说这是幸福的烦恼，我觉得可能是幸福来得太突然了。我在网上看到旅游者们有一个这样的共识：冬住海南岛，夏居神农架。现在听您这样一说，我们冬天也可以采取一日游的方式去神农架滑一下雪。

陈超：

我想一年四季都住在神农架，我们都知道神农架自然风光迷人。但是现在您能不能给我们推荐一些更加独特的甚至说现在还有点小众的旅游项目？

张守东：

我简单给大家介绍一下除了滑雪以外，其实还有很多产品。比如说我们有户外的越野，在山上徒步。

我们现在也有一些户外的产品，此外还有更小众的观星。因为神农架这个地方在大山深处地广人稀，而且空气非常好，现在气象部门还专门推出了观星的气象预报，就是观众关注小程序以后，它可以提醒什么时候适合观星，没有云彩的遮挡。另外，我们还可以观鸟。

陈超:

观鸟?

张守东:

对。观鸟可能比较小众,但是懂的人,全国各地的观鸟爱好者都到神农架来。因为神农架物种丰富而且居于中部地区,南来北往的迁徙鸟都在神农架停留。很多难得一见的鸟在神农架都可以看到。这也是一个旅游产品。

杜莉:

听说您要来,我们都想问一下您,神农架到底有没有野人啊?

张守东:

这么说吧,神农架有“野人”,但这个“野人”是打引号的。因为神农架物种很丰富,有可能它是一些奇异动物。由于我们很多地方都是无人区,那么“野人”呢,我们先把它打个引号。

杜莉:

这让神农架有了一种神秘的吸引力。

陈超:

这需要每个人亲地去探寻是与不是。

岳奎:

其实我对神农架是有阴影的。

陈超:

为什么?

岳奎：

我去神农架只去过一次，也是唯一的一次。大约十多年前，我们坐大巴早上六点钟出发，晚上十点钟才到，当时山路把我给吓坏了。刚才张局长说（神农架）高铁（站），从2012年设计到现在（建好）正好十年，这十年其实是我们湖北，也是我们中国发展变化的一个缩影。（郑渝）高铁的开通对神农架的发展，甚至对湖北的发展意义都非常重大，“要想富先修路”，还有一句话叫“火车一响，黄金万两”，这个推动是全方位的，也是多行业的。

杜莉：

没错，因为旅游这个行业，它涉及上下游相当多的行业，像酒店、餐饮、商贸、运输还有娱乐服务，等等。所以，光有旅游资源是不够的，咱们得把各个环节都打通。这样就把食、住、行、游、购、娱各个层面的需求都拉起来。

郑渝高铁的开通就是把中间最重要的行的“堵点”打通了，所以，这一次我们听到张局长的介绍，还有刚才杨总的介绍就很开心。因为我们都知道新冠疫情旅游业是受到冲击最大的行业之一，但是透过神农架旅游的火爆，我们仿佛看到了希望。我们看到了这些数据还有火爆背后是人民对美好生活的向往。据我所知，2021年的“十一”黄金周湖北省接待的游客就超过了6300万人次，综合旅游收入突破了350亿元。

陈超：

再一次感谢张局长今天带给我们的分享。

谢谢，张局长。

刚刚咱们说到了高铁的开通，使得神农架不仅仅是跻身鄂豫还有鄂渝一日游的旅游圈，同时也使得神农架林区和周边城市，比如襄阳、十堰、随州的连通更加紧密了。看得出来，交通物流体系的建设和发展不但能为当地带来实质性的收益，也为我们湖北构建全国新发展格局先行区、建设湖北三大都市圈提供了有利条件。接下来让我们一起来看一条短片。

短片画外音

湖北构建新发展格局的先行区，提出要着力建设三大都市圈——以"武鄂黄黄"为核心的武汉都市圈，襄阳都市圈和宜荆荆都市圈。武汉都市圈地处中部之中，长江中游距京津冀、长三角、珠三角等国家三大经济增长极均在1000千米范围内。民航2小时直达、高铁4小时直达。武汉拥有130多家各类国家级创新平台、6000多家高新技术企业。

武汉汇集了全省研发技术顶尖人才，武汉坐拥中欧班列、黄金水道、天河机场三大国际货运通道。织就一张通达全球的物流网，能够加速融入国内国际双循环。

在武汉都市圈内部也拥有着"市域门到门，城市圈区到区"的快捷交通体系，都市圈不仅仅是都市圈，还成了生活圈和朋友圈。2021年武汉都市圈已占全省约1/3的土地面积，交出了GDP总额超3万亿元、占比全省超60%的成绩单。武汉都市圈引领湖北支撑中部、辐射全国、融入世界的梦想正在逐步实现。

陈超：

刚刚这个短片当中提到了湖北的区位优势，其实一说起湖北或者是武汉的区位优势我们真的是特别自豪。自古以来咱们就在九省通衢中得天独厚。

岳奎:

湖北武汉，它在全国的区位优势非常优越。这对我们构建双循环是非常有利的，特别是它在全国所具备的经济、科教、交通优势是非常明显的，能起到非常好的引领支持和辐射的作用。

陈超:

刚刚两位老师所讲的内容信息量非常大，我觉得接下来咱们也给现场，包括线上学习团的朋友们一点消化答疑的时间。现场有没有哪位朋友有疑问，可以举手示意我们。

好，有请。

现场观众:

岳院长您好，我想问您一个问题。我们现在提倡的是发展双循环的新格局，那么我们以内循环为主是不是迫于国际国内的形势不得不作出的一个选择呢?

岳奎:

现在中央强调双循环至少有三点需要弄清楚：第一，它不是被迫之举也不是权宜之计。习近平总书记讲了它是我们赢得未来发展先机、发展主动权的先手棋。在以前我们发展水平低的时候，跟别人经济的互补性就强一些。现在我们的发展水平高了，跟别人差不多了，自然而然地跟别人的竞争就多了起来。

第二个，就是我们目前国内的大市场客观上也需要双循环。

第三个，从国际的比较来看，大国的经济特征都是以内需为主的，内部可循环。我们国家作为全球的第二大经济体和第一大制造业大国，国内经济循环同国际经济循环的关系上早就有要调整的需求。

陈超：

它是大势所趋也是我们主动的选择。

岳奎：

对。

陈超：

今天除了现场的观众朋友之外，还有云上学习团的朋友在和我们一同学习一起思考。接下来我们就有请一位线上的朋友来提问，有请。

云上学习团

老师您好，我是“B站”（哔哩哔哩）的“UP主”第七翼刀。网上有一句话是说理想很丰满现实很骨感，双循环的构想固然美好，可是在全球经济衰退国内经济下行压力加大的背景下，这样丰满的设想能够实现吗？到底能不能循环得起来呢？

杜莉：

他说得没错，我们感谢这位“UP主”的提问。因为现在确实是个变化多端的时代，所以在这种情况下大家把更多的注意力可能就放在了变化上，而忽略了不变的东西。比如说我们显著的制度优势没有变，我们70余年积累的雄厚物质基础没有变，稳定的社会大局这些都没有变。正是基于这些不变的东西我们才能立足不变来应对万变。而这些前期的优势和条件也正是我们提出双循环新格局的底气所在，也是后期我们双循环真正的基础和条件。

岳奎：

万变不离其宗。

杜莉：

对！

陈超：

以不变应万变。

杜莉：

没错，那我们把这些不变的东西总结为“五个力”。我们中国经济还是有实力、活力、潜力、动力、韧力，有这五个力在，我们认为它还是能够循环起来的。

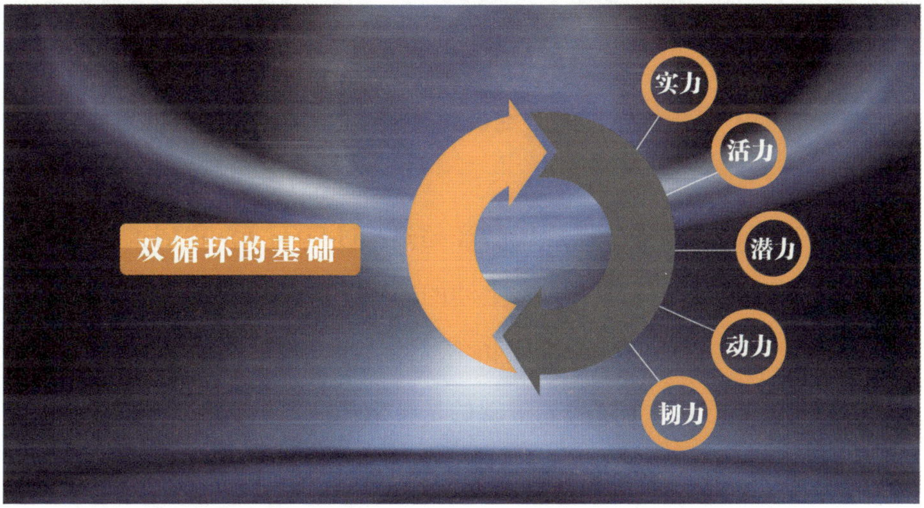

陈超:

您说有五个力,咱们一一来跟大家展开说说好不好?第一个您说到的是实力。

杜莉:

没错,第一个力就是实力,大家可以看一下。

目前我们中国在各项主要的经济指标排名上都已经跃居世界前列了,第一第二拿了不老少了。

2021年我们的经济总量规模已经超过了114万亿元,稳居世界第二。习近平总书记曾经打过一个非常生动的比喻,中国经济是一片大海,不是一个小池塘。所以狂风骤雨掀不翻中国经济这片大海。你看在新冠疫情之初的时候,大家还记得当时我们最缺的是什么?

陈超：

口罩。

杜莉：

但是，当时我们中国很多汽车厂、手机代工厂很快纷纷响应。也就是说你戴的口罩可能并不是口罩厂生产的。

陈超：

这个口罩当中蕴含了多少的技术含量，我们一起来看一段短片。

短片画外音

口罩已经深度融入我们的生活，几乎没人会觉得一只口罩的生产会遇到什么困难。但为什么很多发达国家连“廉价”的口罩都生产不出，还要千里迢迢从中国进口？其实小小的口罩可不简单，是一条完善的由十多种产业支撑的独立产业链。无论是从源头材料的石油开始，还是到最终的物流运输，任何一个环节上“掉链子”口罩就造不出。就在中国口罩疯狂“输出”的同时，有些国家还在一台缝纫机加一个工人手工缝制。两相比较，中国人“口罩自由”的底气，是中国完备的产业体系给的。

中国产业链之齐全是全球唯一的。在中国没有什么是找不到、造不出的，这也是我们的独门绝技、硬核实力。

陈超：

刚才咱们说了五力当中的第一力实力，那这第二个力是什么？

杜莉：

第二个力是活力，也就是市场优势。新格局构建新在“双”字上，但是重点要循环，能转得起来才行。那么循环靠什么呢？其实循环就靠一个字。

买！没错。

陈超：

我平时也作了不小的贡献啊。

杜莉：

对，买买买。原来外部需求非常旺盛，外面有人买于是我们就大量出口。现在我们转向内循环为主体，那内循环能不能循环得起来是不是关键就要看国内市场上有没有像陈超这样的人，买买买。这一次大家感觉经济下行压力非常大，可是疫情带给消费的可能不仅仅是冲击，或许也有一些改变。2020年的“五一”假期，网联平台的互联网支付业务同比增长了55%，网络消费特别活跃。这55%究竟是谁在作贡献？

好，我们来看数据。这一次最大的变化就是36岁以上用户消费占比明显提升，其中46岁以上用户增长最快。这不就是传说中的“乘风破浪的姐姐”和“中国大妈”的一支完美的组合吗？

陈超：

是，你看我平时在家以前都是在网上买买买。我妈总是说我，你怎么天天这么能花钱。但是我妈现在自从学会在网上购物之后，才发现买买买，真“香”啊。

杜莉：

我敢肯定你财政实力上还不如你妈。

陈超：

远远不如。

岳奎：

现在“她经济”“银发经济”的崛起是非常值得关注的。

陈超：

咱们说到了“银发经济”，包括之前说到神农架，夏天就有很多退休了的叔叔、阿姨、爷爷、奶奶，他们会去神农架避暑。而且现在还有很多人在神农架买房。一住就是一两个月，衍生出了很多这种一人一户一管家的个性化定制服务模式。

杜莉：

第三个力，我们把它总结为潜力，中国正处于城镇化快速演进的进程中。城镇化率已经达到了64%，与欧美发达国家相比我们还有二十到三十个百分点的空间。在城镇化进程之中更多的农民通过转移就业提高收入，收入提高了当然就可以拉动消费了。另外，这些人进城以后，他要租房、买房，也可以带动城市的各项基础设施建设、公共服务配套设施和住宅建设的巨大投资需求。所以说未来的潜力非常值得我们期待。

陈超：

那这第四个力呢？

杜莉：

第四个力我们说是动力，也就是科技创新力。中国现在已经成为仅次于美国的第二大研发投入国。

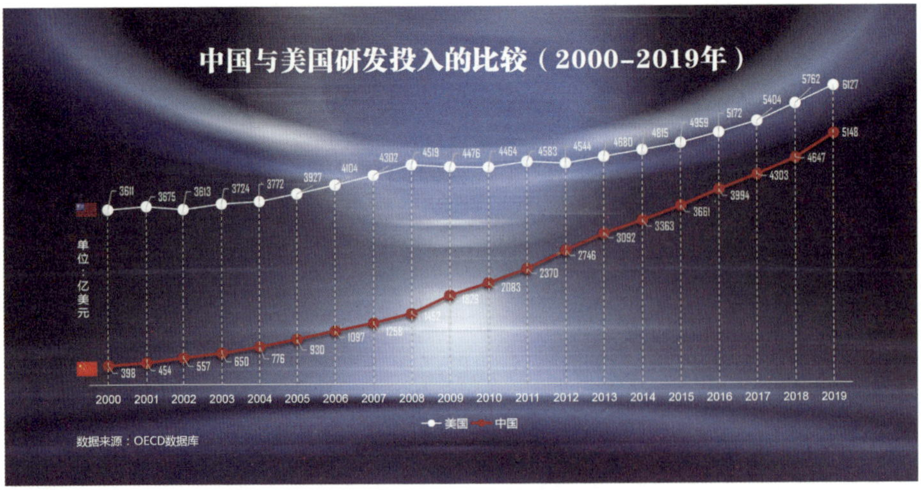

2000年的时候我们的研发投入只是美国的11%，但是2019年中国的研发投入接近美国的85%了。

从“十三五”以来，每一年我们都保持了两位数的高增长，有投入就有产出。我国的创新产出也已经成为世界非常重要的一极，多项指标世界领先。比如，我们的SCI国际科技论文数已经仅次于美国位居世界第二，国际专利申请量是世界第一。我们也可以看一下湖北的情况。

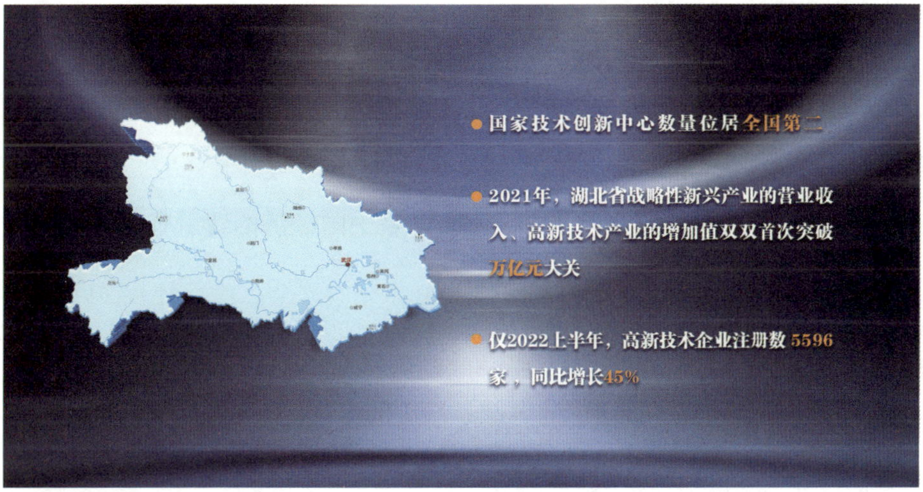

湖北省最近几年着力打造全国科技高峰国家技术创新中心，数量位居全国第二，2021年湖北省战略性新兴产业的营业收入、高新技术产业的增加值双双首次突破万亿元的大关。

岳奎：

大家知道美国为什么能在全球形成霸权，我们讲五个方面：白宫、五角大楼、华尔街、硅谷、好莱坞。其中这个硅谷强调的是科学技术。1900年的时候，美国的工业制造业水平是当时全世界第一，但是它的金融没有达到世界第一，它的科技也没有达到世界第一。到第二次世界大战结束之后美国才成为世界的科技中心，占领了世界科学技术的制高点。那么现在我们的工业制造业水平、我们的经济实力都在逐步提升，下一步我们就要向领科技的制高点和金融的制高点前进。

陈超：

所以，你看科技自立自强是多么的关键。刚刚杜老师跟我们说到了中国经济总量大有实力、市场结构有活力、城镇化发展有潜力、科技创新有动力，那还差最后这一力是什么呢？

杜莉：

最后一个力是中国经济有韧力，也就是中国经济的背后有着非常显著的制度优势做支撑。

岳奎：

西方有一种说法，说中国的崛起是制度的崛起，其实我们这种制度不仅仅包括社会主义基本的制度优势，还借鉴了其他优势（有益成分）。好的东西我们把它吸收过来的同时也得到了中华优秀传统文化的滋养。这是非常了不起的，也说明我们这个民族是自信、开放、包容的民族。

陈超：

刚刚两位老师跟我们分享了这五力之所在，也是给予了我们很大的自信还有自豪，也对未来充满了信心。所以说构建新格局，国家鼓励有条件的地区，可以率先探索有利于促进全国构建新发展格局的有效路径，发挥引领和带动作用，你像咱们省第十二次党代会明确提出了，湖北建设全国构建新发展格局先行区的目标。提出湖北有基础、有条件、有信心，在探索促进全国构建新发展格局（先行区）有效路径中走在前列。

那么这种信心和底气究竟从何而来呢？那接下来我们就把讲台交给岳院

长，请您来为大家解读，有请。

岳奎：

这几年，我们湖北认真贯彻党中央部署，稳扎稳打，可以说取得了比较大的成绩。因为我们有自己独特的优势，比如说有经济结构的优势。湖北经济对外依存度比较低，我们的经济体系比较健全。此外我们还有资源禀赋的优势，我们是经济大省、科教大省、生态大省、农业大省，综合科技创新水平又处于全国第一方阵。既是制造业重地又是中部粮仓。有区位优势，交通便利，我们是长江黄金水道和南北交通大通道的中心枢纽，是连接全国“铁水公空”交通大动脉的中心结点，下面我们来看一个短片。

短片画外音

鄂州花湖机场是亚洲首座全球第四个专业货运枢纽机场，以鄂州为圆心两小时飞行能够覆盖全国80%以上人口和五大国家级城市群。花湖机场构筑起国内1天送达，周边国家2天送达，全球主要城市3天送达的“全球123快货物流圈”。花湖机场周边交通便利，有大广、武鄂等五条高速公路连通全国，九大通道与武汉无缝衔接。武九铁路连通中国南北大动脉，铁路、水路、公路、空运多式联运构建快捷的集输运体系。这里的智慧分拣系统集成领先全球，业务涵盖国内航空、国际航空、国内陆运三大领域。高峰处理能力可达22万件每小时。这里的少人机坪，创新研发出多种全球首创车型。升降平台车、飞机引导车、通勤摆渡巴士、自动导引运输车，让货运实现无缝衔接。中国正推动形成以国内大循环为主体，国内国际双循环相互促进的新发展格局。花湖机场承载着湖北汇通天下，连通中外的梦想。未来三年（武汉）天河国际机场、（鄂州）花湖机场，可形成客货双枢纽，将成为服务新发展格局中心结点战略链接的开放平台与贸易通道，增强面向全球配置资源要素能级，为湖北融入“大市场”、畅通“大循环”“双循环”贡献力量。

岳奎：

习近平总书记讲构建新发展格局的关键在于经济循环的畅通无阻，他还生动地讲，就是要打通经济发展的“任督二脉”。我们湖北构建新发展格局在顺应发展大势中明确了方位，在把握战略优势中找准了定位，在发挥比较优势中彰显了作为。坚持统筹谋划长短结合，系统协同，重点突破，着力推进构建新发展格局先行区的建设。

陈超：

谢谢，感谢岳院长的精彩分享。我不知道杜老师在听了岳院长的分享之后有什么样的感受？

杜莉：

没有一个冬天不可以逾越，没有一个春天不会来临，既然中国经济长期向好的基本面没有改变，就让我们以“风物长宜放眼量”的战略眼光，以“不到长城非好汉”的顽强意志，“敢教日月换新天”的豪迈气概，于危机之中育先机，于变局之中开新局，加快构建新发展格局，推动中国经济稳中求进、行稳致远。

陈超：

说得太好了，真的是掷地有声。您看习近平总书记说，中国的经济是一片大海，大海深不可测而且蕴含着无穷的能量。我相信我们就是当中的浪花一朵朵，构建新发展格局需要你我的共同努力。再次感谢两位老师的分享，也再次感谢现场和线上每一位朋友的参与。

我们下期节目再见。

再见。

扫一扫观看更多精彩

第3篇

『红蓝图钉』中的民意表达

——共建共治共享的和声

嘉宾介绍

陈慧女，现为武汉大学马克思主义学院副教授，硕士生导师。兼任武汉大学课程思政教学研究中心副主任，研究生“新时代中国特色社会主义理论与实践”课程教研中心主任，并担任武汉大学当代中国研究中心秘书长，全国马克思列宁主义经济思想史学会理事，系中共武汉市委宣传部“学习贯彻习近平新时代中国特色社会主义思想”宣讲团成员，中央党史和文献研究院对外合作交流局智库研究领域核心团队成员。主要从事中国特色社会主义与当代中国，思想政治理论课教育教学等领域的研究。

郭莉，中共党员，现任黄冈市红安县七里坪镇柏林寺村妇联主席，毕业于江西工程学院，被评为2022年度湖北省“最美妇联人”。

胡明荣，中共党员，现任武汉市汉阳区江堤街江欣苑社区党委书记、居委会主任。湖北省第十次党代会代表，湖北省第十二届、十三届、十四届人大代表、武汉市第十一次、十二次、十三次、十四次党代会代表。曾荣获“全国优秀党务工作者”、“全国劳动模范”、“全国五一劳动奖章”、“全国巾帼建功标兵”、“全国妇联创先争优先进个人”、“全省优秀村（社区）党支部书记”、湖北省“荆楚楷模”月度人物、“湖北省五一劳动奖章”、“湖北省巾帼建功标兵”、“湖北省三八红旗手”、“武汉市十佳社区党组织书记”、“武汉市五一劳动奖章”、“武汉市模范市民”、“武汉文化建设特别贡献奖”等多项荣誉。在她的引领下，江欣苑社区从“问题社区”转变为全国村转社区转型的“成功样本”。2017年4月，在由人民网主办的第四届国际治理高峰论坛上被与会专家总结为“江欣苑模式”。2018年12月，汉阳区以江欣苑社区为样本的“五个体系标准”在人民日报社发布，率先推进党建引领社区治理创新的规范化建设。

引子

湖北省黄冈市红安县七里坪镇柏林寺村曾是一个贫穷落后的小村庄，近五年来通过展开“美好环境与幸福生活共同缔造”，通过决策共谋、发展共建、建设共管、效果共评、成果共享，激发出居民的主人翁意识。节目中，柏林寺村的妇女主任郭莉，讲出了他们村有效而特别的办法：村“两委”为了让村民真实、自由地表达看法，想出一个“在村规划图纸上按图钉”的方式搜集村民意见。红图钉代表反对，蓝图钉代表赞成，空地改建建不建、怎么建，村民说了算。主持人陈超和几位嘉宾用种种真切事实和鲜活实例证明，坚持和加强党的全面领导，坚持以人民为中心，坚持以增进人民福祉为出发点和落脚点，尤其是以习近平新时代中国特色社会主义思想为指导是中国基层治理获得巨大成功的真理力量！

本集内容

陈超：

《习近平谈治国理政》第四卷“以保障和改善民生为重点加强社会建设”当中提出，一个现代化的社会，应该既充满活力又拥有良好秩序，呈现出活力和秩序有机统一。要完善共建共治共享的社会治理制度，实现政府治理同社会调节、居民自治良性互动，建设人人有责、人人尽责、人人享有的社会治理共同体。

党的十八大以来，我们是如何通过加强和创新处于社会生活末梢的基层治理，来实现“中国之治”，进而以共建共治共享来拓展社会发展新局面的呢？这就是我们今天要共同探讨的问题。

张维为个人演讲

湖北和武汉的基层治理有三点给我留下了特别深刻的印象，我想某种意义上，这也是今天整个中国基层治理成功经验的一个缩影。一是协商民主的广泛使用；二是比较注意发挥民众的智慧来做好基层治理；三是广泛地使用高科技的手段来造福百姓。中国协商民主的广度和深度，是世界上其他政治制度无法比拟的。

湖北红安县有个曹家畈村，他们聘请了专业团队对全村的改造进行了整体设计，然后通过协商民主，让村民来评选出最美庭院的方案；为了维持好村里的环境，他们以户为单位开展评比活动。通过这样的方案来激励群众参与环境的维护，村民也因此而享受到共同缔造的协商民主模式带来的积极成果。

二是注意发挥民众的智慧来做好基层治理。武汉蔡甸区永安街道帮助一个火焰村发挥乡贤见识广、眼界宽、思维活的特点，打造了一个乡村智库，创新出一种叫四方会谈的协商机制，每月至少在村委会会议室开一次谈话会，会上各方代表团将平时收集的建议、需求进行讨论，然后共同协商解决问题的方案，最终实现了美丽乡村的连片打造。

三是十分注意运用信息化的高科技手段来造福百姓。例如2022年武昌区中华路街道，为120余户80岁以上的老人家中安装了智能水表。这个水表有特殊的报警功能，一旦用户24小时内用水量不足0.001立方米，那么负责联系老人的社区网格员就会收到预警短信，提醒他上门看一看。通过这种信息化技术手段的应用，这个街道大大提升了社区服务的精准性、及时性，有效地解决了现在独居空巢老人难以照顾的问题。

湖北基层治理的成功实践证明，我们的社会、政府，保持一种积极的良性互动。我们基层民众可以以各种形式参与社区建设。可以说我们已经初步探索出了，或者基本探索出了一条中国人自己的道路，我叫它“人民社会之道”。我想这也就是建设人人有责、人人尽责、人人享有的社会治理共同体。

这才是真正的人间正道。

陈慧女个人演讲

改革开放40多年，中国在实现经济腾飞的同时，保持了国家政治社会的安全与稳定，“中国之治”的优势在哪里？这首先应该知道什么样的治理才是好的。

在麻城市阎家河镇古城村，有一张一改再改的图纸，图纸背后是一段关于谁说了算的故事。

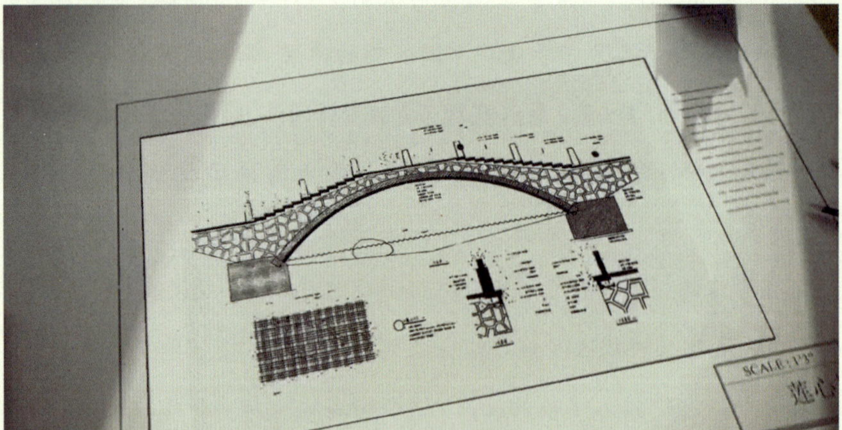

为了便利通行，古城村决定在生产生活区建设两座桥，村委会请来

设计师，设计出江南水乡风格的有台阶的拱桥。开始施工建造不久，有村民提出不同的意见，有村民说桥太陡行人容易滑倒，有村民说有台阶车辆无法通行。村“两委”及时叫停施工，迅速召集村民商议进行集体表决。表决的结果是取消台阶，缩减弧度，桥面做防滑处理，螺纹钢筋加粗加量，以增加承重。

最终拱桥变坡桥，行人下雨下雪过桥不滑，农用车便利通行。桥由此成为广受称赞的便民桥、密切干群关系的连心桥。

村里为了修建什么样的桥改了好几次图纸，但其实建拱桥还是建平桥，修台阶还是做防滑平面，这本身不是一个很大的事情，可是这却反映了中国基层社会治理一个很关键的问题：谁说了算？我们从这个过程可以看到，没有村“两委”的动议建不了桥，没有专业的实施团队建不成桥，但是没有村民的参与建不好桥。因此，坚持共建共治共享，把群众的力量组织起来，这就是中国之治在基层的重要体现。

党的十八大以来，以习近平同志为核心的党中央高度重视基层治理。基层强则国家强，基层安则天下安。必须抓好基层治理现代化这项基础性工作。建立健全基层治理体制机制，提高基层治理社会化、法治化、智能化专业化水平，更是我们党坚持以人民为中心，推动实现“国家治理体系和治理能力现代化”的重要途径。

陈超：

“九层之台，始于垒土”，让我们一起走进湖北，来看看这几年城乡基层治理发生的显著变化。

在我们湖北有一片红色热土，那就是湖北省黄冈市红安县一个叫柏林寺村的小村庄。近几年村庄的面貌焕然一新，可以说做到了开窗见绿，推门入园。

柏林寺村的村庄面貌发生了翻天覆地的变化。郭主任，您能不能来为我们介绍一下，您所在的柏林寺村是怎么做到在5年内就可以发生如此大

的变化呢?

郭莉:

这个主要是源于我们的乡村治理模式改变了, 就是我们现在正在推行的“共同缔造”。之前我们搞个什么工程建设, 基本上就是干部干群众看, 现

在是群众的事情群众自己干。村里的每个人都来发表自己的意见，以红蓝图钉投票的方式来进行表决。说更直白一点就是，您觉得哪里要拆，哪里要保留，您来发表意见。最终我们统计红蓝图钉的数量，让大家来商议，我们这里到底要建什么。

陈慧女：

当时村民们是通过什么样的方式来商议的？村里应该有很多人外出打工了。

郭莉：

我们村成立了一个“柏林寺之声”微信群，把我们村的年轻人全部都拉到群里面。我特别佩服他们，只要村里有什么事，在群里号一嗓子，他们会毫不犹豫为了村庄的建设而回来。就是强村有我，有召必回的那种精神。

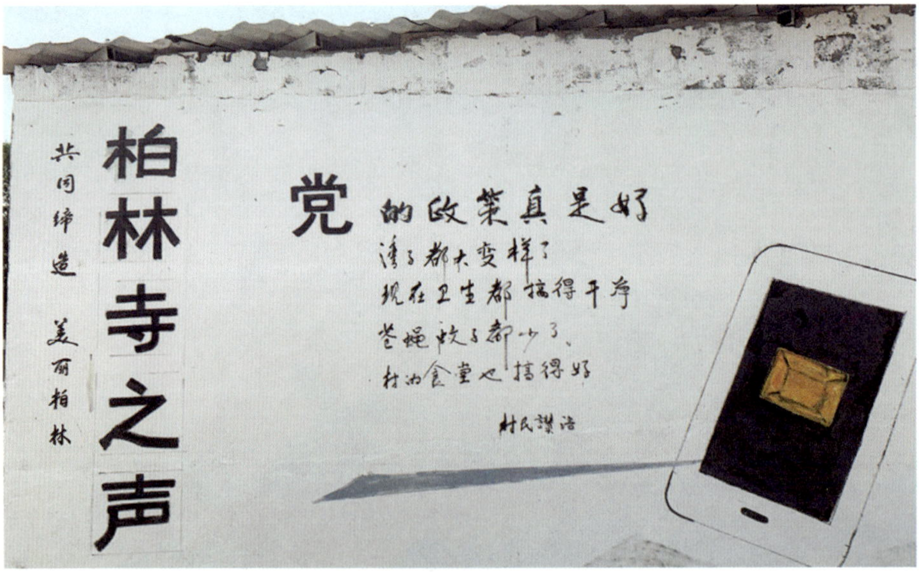

陈超：

所以说，虽然这些年轻人走出了乡村，来到了大城市工作，但是柏林寺村永远是他们的家，都想要为家乡的建设建言献策。张老师您在听了刚刚郭主任的这番介绍之后有什么样的感受？

张维为：

你讲的摁钉子这个方法，实际上是有红色基因的。当时陕甘宁边区选基层组织选乡干部的时候就用类似的方法，叫"豆选法"。比方说我们三个人都是候选人，我们坐在那，每个人后面放一个坛子，农民不识字，就把不同的豆子放在每个人后面。我想选陈老师就放在她那儿，最后一数她的豆最多，她就当选。这个方法我们一直有的。

陈超：

刚刚咱们说的是柏林寺村的共谋。我知道在咱们柏林寺村，村民不仅可以直接参与决策，村委会也鼓励咱们的村民参与建设。郭主任您能不能来跟我们分享一下当中的故事？

郭莉：

我们搞污水管网的时候，在"柏林寺之声"微信平台告诉村民水利专家已经来了，村民黄忠明第一个站出来说："我要回去，我要来带头，因为我比较懂。"

当时的预算是80万元，但最终只花了53万元，基本都是靠村民们参与建设。比如说我们修到张爷爷家门口，张爷爷年纪大了，他动不了，他家里的年轻人把他们家门口那一段给你挖好了，直接把主管网接进去。在我们村每家每户都是这样的。我们当时建设是从大到小，男女老少齐上阵。现在在我们柏林寺村，随便碰到一个群众，包括上小学的小朋友，他都会很自豪地告诉大家：“我们商贸公司地上的鹅卵石，当时我去铺了的。”

张维为：

毛主席讲过叫“组织起来”，他专门有一篇文章，就这四个字点出要害。如果你没有组织起来，严格意义上不是人民，是一盘散沙。我们讲人民是创造历史的动力，就是组织起来的人民，给他一个理想，让他参与进来，这就完全不一样。共建，它的基础就是这个，我们建设我们自己的家乡，我在里边作出我的贡献，我有一种自豪感，这个是非常好的经验。

陈超：

我知道咱们柏林寺村的环境管理有一个非常有特色的管理方式，它会用到一个评分表对吗？

郭莉：

是的，就是很普通的一张评分表，可能字迹也没那么工整，就像我们小时候上学表现得好，就戴一个小红花。我们这个评分表也是这样，村民房前屋后的卫生干净程度我们是用星星来评判的。环境卫生最好的，我们小朋友就是涂五颗星星，说明你们家各项都是好的。我手里这张评分表就是我们的留守儿童黄晓娟填的，字迹可能比较稚嫩，但这就是一个学生写出来的。

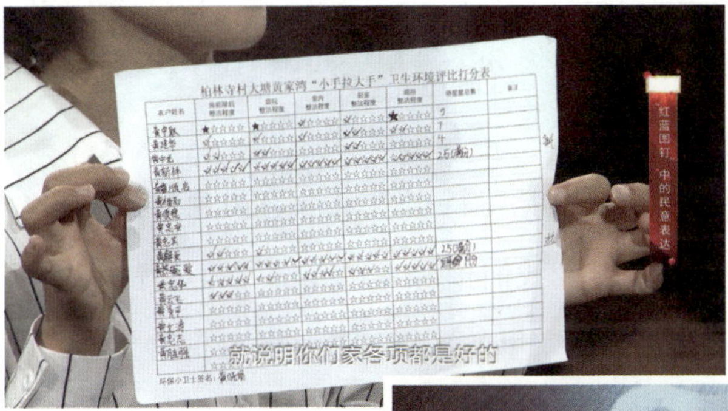

陈超：

我们能感受到她已经尽了最大的努力，让字迹更加工整一点。所以你看我们柏林寺村村民们发言和表态的权利，可以说是从老至幼每个人都有的。

张维为：

这个就是童言无忌，小孩子对一些简单的东西打分，是很直观的。他没有任何顾虑，任何人情关系都没有，这个“分”非常靠谱。

陈慧女：

当时怎么想到请小朋友来给村里的环境卫生评分的？

郭莉：

在2017年以前，我们村里的卫生是特别差的，垃圾到处堆，都是露天的垃圾池。住建部驻点之后，他把我们的中小学生全部组织起来，开展了四点半课堂。当时就给小朋友们讲环保、垃圾分类等相关知识，让小朋友把环保的理念传递给家里的大人。

但是说起来小手拉大手，我自己就觉得特别惭愧。最近咱们的“共同缔造”在我们湖北省掀起了一个高潮，到我们柏林寺村去学习的人特别多。我天天当业余的讲解员，所以就忽略了家里的环境卫生。因为我们会象征性地发个荣誉证书，用一张普通的红色A4纸，盖上村委会的章子。

黄技爱家庭：

你的家庭在 2022 年“小手拉大手”卫生环境评比中被为“卫生文明家庭”。

特发此证，以资鼓励。

中国共产党七里坪镇柏林寺村党支部

七里坪镇柏林寺村村民委员会

2022年 8 月 25日

张维为：

每个星期都要评？

郭莉：

对，每个星期都要评，我们家也参与到这个评选当中。您看，只得了七颗星。所以我说比较惭愧。只得了七颗星之后，我儿子就不干了，很不开心。他说我要是你，我都会觉得不好意思，你自己家的环境卫生都没搞好，还出去跟别人讲。所以第二天早上，他抱着我大腿说你不能走，你必须要把卫生搞好了才能出门。这就是通过小孩子来约束家里的大人。

张维为：

我建议，村里再建一个小小的纪念馆，对所有作出贡献的人进行表扬，至少是照片表扬，留住这个记忆。这个非常重要，非常有价值。它也可以一代代传承下去，告诉后辈我们的前辈是怎么做的，也是一种精神的延续和传承。然后留一点老的破旧房子在那儿，让大家看到我们改造前是什么样子的，否则年轻人很快就忘记了。

郭莉：

谢谢张教授，一定带到。也邀请张教授和主持人有机会一定要到我们柏林寺村去看看，我们会像当年欢迎红军一样，欢迎大家的到来。

陈超：

相信咱们的村民也特别愿意让更多的朋友了解到柏林寺村，也期待着以后有机会能够真正去柏林寺村看一看，谢谢热情的郭主任。

咱们经常说人民要当家作主人，什么是人民当家作主，这就是人民当家作主。

陈慧女:

说得太好了，习近平总书记曾经明确地指出，一个国家民主不民主，关键在于是不是真正做到了人民当家作主，要看人民有没有投票权，更要看人民有没有广泛参与权。这不仅仅是一个承诺，也是在柏林寺村这样数以万计的中国村庄中正在真实发生的现实。

陈超:

咱们的乡村是这样，其实我们的城市也是如此。快节奏的城市生活离不开日夜穿梭在我们城市各个街头巷尾的快递小哥、外卖骑手。在我们武汉的南湖街道，就为这一新兴的就业群体建立了一个新就业群体服务驿站，而且是在我们南湖花园城的繁华地段。陈教授，我相信您对这个非常了解。

陈慧女：

是的，因为我就住在这个附近。我给张教授介绍一下，这个驿站是由南湖社区建立的，从里边的装修设计，到设施的日常维护、卫生的管理，都是由这个驿站的快递小哥参与的。举个小的例子，刚开始建这个驿站的时候，可能考虑到了大家休闲、娱乐各种需求，但是没有考虑到电动车的充电问题，没有建充电桩。快递小哥他们就提出来应该在驿站的门口建一些充电桩，方便他们在休息的时候为他们的电动车充电，然后就在门口添加了这个充电桩的设施。

张维为：

我今天早上看到一个短视频，我觉得跟这个有关，而且我觉得应该对国内的其他城市都有启发，也是武汉的一个案例。江汉区一个叫唐家墩的街道，因为那里老旧小区比较多，全国大城市都有老旧小区这个问题，物业费有困难，因为它原来物业费非常低，物业管理水准也比较低，有种种问题。但唐家墩街道不再局限于小区，它把整个街道都当作一个小区来治理，也就是说它突破了小区这个单位，在更大的街道范围进行管理。然后把市政和物业结合在一起，重新整合。有些部分市政原来可以做的，就市政来做，跟小区物业管理进行重新划分，这样一来它有很多新的理念，成本大大降低。

陈超：

我们切实地感受到我们这个家是越来越大了，而且咱们的家人也不仅仅是长期居住在这里的居民，只要是在我们这里停留过、奔走过的每一位朋友，其实都是我们的家人。

现在我们国家对新兴就业群体越来越关注了，像我们提到的外卖骑手、快递小哥，其实更多的还是年轻的朋友在享受这样一项服务。但是还有这样一个群体，就是那些年长的朋友，他们可能并不是很擅长使用智能手机，但是他们其实也有很多的生活需求，比如说要去菜场买菜，到医院排队挂号、就医，去车站购票，等等。所以我们也经常在想，人总是会老的，如果有一天我老了，会不会被这个时代落下，会不会跟不上时代的节奏，跟不上智能应用的迭代了？这个时候怎么办？两位老师有没有思考过这个问题？

张维为：

我可能是因为性格生来就比较乐观。我们现在总体上少子化趋势一时还扭转不了，然后就业群体在减少，包括大学生的数量都会减少。这个阶段会持续蛮长时间的，这个时候智能的服务例如AI（人工智能）的服务等开始出现了，可以弥补一些人力，很多工作不需要这么多人工了。

陈慧女：

我突然想起了另外一个例子，其实在武汉也有一个关爱老年人的案例。

据我所知，武汉左岭新城的智苑小区，他们就实现了通过AI（人工智能）提醒老人去定时服药。他们把老人服药的数据和他的联系方式输入到系统里，比如说早上该吃药了，就打电话给老人提醒他吃药。假如说打了三次老人可能在忙，或者是耳朵不好，没有听到，他们就会有专门的楼栋管家，上门去提醒或者去看一看是怎么回事。

陈超：

在我们武汉，其实不仅仅有陈教授刚刚提到的AI（人工智能）来帮助提醒老年人吃药，其实还有一些智能设施能够帮助老年人打车，就是通过各种智能的辅助手段，来帮助老年人更加方便地出行。

陈慧女：

发展技术是为了什么，不是让我们觉得更不方便，而是让我们觉得更加方便，让我们都去享受现代化生活。科技不仅帮助着大部分群体，还照顾着特殊群体的需要。“民心是最大的政治”。服务群众、造福群众是基层治理的出发点和落脚点。2018年习近平总书记在湖北考察的时候就曾经说过，我们要推进民生保障的精准化、精细化，而这一切正在借助现代科技的发展，在我们身边成为现实。

陈超：

我们提到的共建共治共享，大家总觉得说就只是身边的小事，民主议事建个广场、群众参与建个驿站，其实绝对不仅仅停留于此。我们不仅可以参与到身边事情的管理和建设，还可以直接参与国家立法的过程。张教授您能不能来为我们大家谈一谈这个制度安排？

张维为：

上海虹口区有一个街道，是全国人大法工委的直接联系点，也就是说要通过一个新的法律的时候，在草案阶段就会拿到联系点，听普通老百姓的意见。后来据我了解全国好几个地方都有了这个联系点，全国人大法工委选的有的是大城市，有的是农村，有的是城乡接合部，在不同的社区，根据不同的情况进行这样的试验。所以我觉得这就是中国，我叫作全过程人民民主的一部分，从法律还没有开始颁布的时候我们就先听老百姓的意见。

陈超：

其实这些联系点在我们湖北也有，而且作为先行者之一的湖北基层立法联系点，近年来也是实现了质的飞跃。2021年6月8日的下午，湖北省人大常委会在武汉市汉阳区江欣苑社区为武汉城市圈的11个省人大常委会基层立法联系点授牌，并开展了工作培训。今天我们武汉市汉阳区江欣苑社区的社区主任（社区党委书记）胡明荣也来到了现场。我看到胡书记今天一登场，就抱了两个厚厚的文件夹，您能不能来给我们介绍一下？

胡明荣：

我这两个厚厚的文件夹就是我们江欣苑社区基层立法联系点的方案制度体系，包括我们立法信息员的名单，还有我们居民群众参与立法联系点的工作的时候写的三句半。

陈超：

当时在工作开展的过程当中，有没有碰到什么困难？

胡明荣：

那时候刚开始，老百姓都感觉到这不可能。立法好像离我们很远很远，我们小小的一个老百姓怎么样能够参与到立法中来，我说的话、提的建议，有谁能够听得进去，谁相信呢？

在这种情况下，我们社区党委，包括立法联系点的人大代表，在线上线下开始进行叠加式广泛宣传。每一栋楼每一个单元，以点对点的（方式）

来进行宣传。你们要是不相信可以试一试，武汉的土话说：“你试一烙铁再说。”第一个参与的是我们的柯丹，他是一个普普通通的居民，他首先提的是关于节约用水的条例，提了以后被我们湖北省人大常委会采纳，而且被采纳了很多条建议。他就有信心了，接着他就通过微信群和微邻里群呼吁大家都来参与，把我们的话说出来，提上去。

说一句实话，立法不是我们的最终目的，在基层来说我们的最终目的是通过立法这个途径来普法，让居民群众由不懂法、不知法、不守法、不敬畏法律，到学法、懂法、守法、敬畏法律。对于我们基层社会治理来说，最终的落脚点是不犯法，这非常关键。

陈超：

真的是要感谢大家为我们的法治建设作出的每一份贡献。

胡明荣：

我诚挚地邀请我们所有的观众同志们，能够到我们江欣苑社区来。江欣苑社区不仅仅是基层立法联系点，也是“5A级旅游景区”呢！

陈超：

谢谢胡书记，我们都感受到了您和江欣苑朋友的热情好客，看来大家真的是很想把我们的好故事讲给所有人听。我不知道我们两位教授在听了刚刚这段故事之后有什么样的感受想要分享给大家呢？

张维为：

首先你提到胡书记的这种热情洋溢，她为她做的工作有发自内心的一种自豪感，这是我们可以感受到的，我觉得这种自豪感的背后说明了我们的立法程序，是全过程人民民主中很重要的一个东西。这个经验实际上我个人认为是具有国际意义的。多数国家立法不经过老百姓，他认为这是法律专家的事情，但我们国内认为这个一定要听老百姓的意见，我们要从群众中来到群众中去。

陈慧女：

这也确实是我们制度优势的一个体现。胡书记他们社区有一个居民在节水条例中提到了一个问题，如果提出了节水的点子，并且我们的确节水了，应该给予提出点子的人一定的奖励。所以反过来讲，不仅是参与立法的人非常自豪，立法基层联系点也可以让立法变得更加完善，或者说发动我们群众的智慧，让它制定得更加符合大众的利益。

陈超：

通过这样一种方式，可以让国家真正了解到人民的心声，而且普通老百姓提的一条建议能够写进法律，这对老百姓来说就是能让我们“吹”一辈子的事情。

云上学习团

提问1：

我们一直都在反复提到共同缔造，让大家参与到整个建设过程中来。但是我们怎么样才能真正地调动群众的积极性？

陈慧女：

这个问题提得很好。刚才谈到柏林寺村这个例子的时候，我觉得大家可能会有一个切身感受，就是为什么大家会愿意参与进来。我感觉是有两个原因，第一个是因为这个事情关乎他的切身利益，这个事情如果建成了，对于他本人，对于他的家庭，对他生活的环境都是有好处的。第二个原因是我的参与是有效的，我觉得这里不好要修改，我的意见是可以被接纳的，它的工程质量我可以监督，效果我可以评价，结果是我可以共享，可以使用的，而且它是有反馈机制的。这两个条件如果满足了，我相信大多数人都会愿意去参与共同缔造，因为它毕竟是为了让我们的生活更加美好，我觉得应该这样去理解它。

问题2:

我们在日常生活中，经常提到一个词叫民主，我们作为普通群众应该怎么样正确地去理解民主呢?

张维为:

我们中国首先聚焦实质民主，民主要实现的目标是良政善治。然后为了实现这个目标，我们来探索符合中国民情国情的形式民主。包括前面讲的立法的程序之一。

陈超:

咱们中国老话说，国家兴亡，匹夫有责。包括到现在咱们提共建共治共享，我相信这一切都是体现了那几个字：以人民为中心，为人民服务。很感谢两位教授今天和我们分享的所有的精彩内容，也让我们对基层治理有了更进一步的理解和认识。

再次谢谢两位教授，我们下期同一时间再见。

扫一扫观看更多精彩

第4篇

强磁场攀上科技『珠峰』

——大变局中的科技迸发

嘉宾介绍

彭涛，华中科技大学教授，国家脉冲强磁场科学中心磁体系统负责人，从事超强脉冲磁场产生、磁体结构设计以及磁场应用研究，主持国家自然科学基金及国家重点研发计划课题多项，参与国家重大科技基础设施项目、“973”计划、国际科技合作项目多项，比利时鲁汶大学访问学者。发表SCI收录论文100余篇，入选“教育部新世纪优秀人才支持计划”“华中学者”及华中科技大学学术前沿青年团队，获湖北省科技进步特等奖、中国电工技术学会科技进步及国家科技进步奖一等奖。

李建国，男，法学博士，教授、博士生导师。现任华中科技大学马克思主义学院副院长、纪委书记。湖北省高等学校中青年马克思主义理论家培育计划人才，湖北省优秀青年社科人才，华中卓越学者，教育部思想政治工作创新发展中心（课程育人）专家委员会委员，中共湖北省委讲师团、中共武汉市委讲师团专家成员。主要从事马克思主义理论、思想政治教育研究。近年来，在《科学社会主义》《高等教育研究》《思想理论教育导刊》《光明日报》等报刊上发表马克思主义理论类相关学术论文50余篇，其中多篇被《中国社会科学文摘》、人大复印资料转载。出版专著2部，合著2部。主持国家社会科学基金2项，教育部高校示范马克思主义学院和优秀教学科研团队建设项目1项，湖北省社科基金重点、一般及省级教改项目5项。先后获全国首届高校思想政治理论课教学展示特等奖，中宣部“优秀理论宣讲报告”表彰，第十届湖北省社会科学优秀成果一等奖、第十七届武汉市社会科学优秀成果三等奖、华中科技大学教学优质奖、华中科技大学教学质量一等奖、华中科技大学师德先进个人、华中科技大学“十佳青年教工”、华中科技大学教师教学竞赛一等奖等多个奖项。

引子

在本集《改变中国的真理力量》中，复旦大学中国研究院院长张维为和华中科技大学马克思主义学院副院长李建国，同观众一道回顾了在习近平新时代中国特色社会主义思想指导下，中国科技创新从无到有的卓越历程和中国人在科技创新中自立自强的拼搏精神。

本集内容

陈超：

党的十八大以来，我们党高度重视科技创新工作，坚持把创新作为引领发展的第一动力，在《习近平谈治国理政》第四卷中，我们可以看到，当今世界百年未有之大变局加速演进，国际环境错综复杂，世界经济陷入低迷期，全球产业链供应链面临重塑，不稳定性不确定性明显增加。在当今时代背景下，科技创新，科技自立自强，为什么如此关键如此重要？

短片画外音

近年来，我们听到越来越多的所谓“实体清单”这个概念。事实上，美国对中国的科技封锁由来已久。据不完全统计，从2018年至2022年，美国多次将中国企业与机构列入“实体清单”。面对新一轮科技革命，芯片技术深刻影响着众多尖端企业，美国先后对中国采取芯片封锁，企图遏制中国的发展。当今世界国际环境错综复杂，世界经济陷入低迷期，在这样的外部环境下，我们必须保持强烈的忧患意识，做好充分的准备。

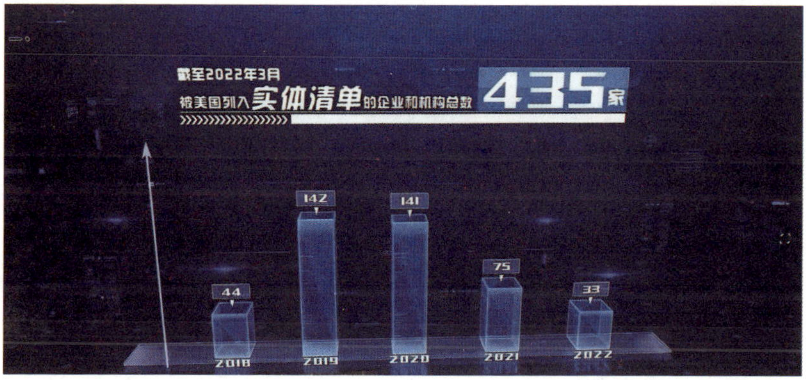

陈超:

看完这段短片之后真的是把我们的心都揪起来了，更加有了一种紧迫感。美国所谓的“实体清单”，直接指向了中国科技实体。

李建国:

（2022年）8月9日，美国总统拜登签署了《2022芯片和科学法案》。这个法案被美国的政界和媒体炒作为美国赢得21世纪经济竞争的利器。它的核心内容是逼迫全球的芯片企业选边站队，尤其它会限制先进制程的芯片产能落地中国。21世纪以后，我们会发现科技创新已经在全面地塑造全球版图，全面地塑造全球的经济结构。

陈超:

中国崛起的同时，也面临着非常复杂的国际形势，许多的挑战摆在我们的面前，尤其是在科技创新这一方面。您刚刚也说到了，这已经成为国与国之间博弈的主要战场。那么在中美博弈的国际背景之下，我们应该怎样去看待呢？接下来我们就有请张维为教授，走向舞台主讲区，有请。

张维为：

美国于2018年，发动了对华贸易战。因此我们从上到下都形成了共识，核心技术是买不来的、要不来的。在核心技术方面，我们必须走自主创新之路、走科技自立自强之路。我们的国防产业，一直有一个说法：美国封锁什么我们就能生产什么，而且还会有中国自己的独门绝技。

今年（2022年）6月，哈佛大学教授格雷厄姆·艾利森，和谷歌公司前CEO埃里克·施密特，在《华尔街日报》上联合发了一篇文章，他们这样写道：在这场芯片竞争中，美国正处于失败的边缘。除非美国像第二次世界大战时那样，为取胜而举全国之力研发科技，否则中国很快就将会主导芯片制造业，并在芯片的助力下，主导由此产生的许多前沿科技，那么中国科技实力与中国具有世界最完整的产业链是连在一起的，这是中国科技实力崛起的重要特点。

总体来看，在太空实力方面，中国是世界一流水平，世界上能发射长征5号这样的重型火箭的、能够独立搞北斗全球导航系统的、能够搞载人航天空间站的、能够搞高超音速导弹的、能够有这个高能激光技术的，只有两三个国家。

中国在"5G"通信技术、移动互联网应用、智能电网、三代四代核电、百万千瓦水轮机组、百万千瓦火电机组、风电、光伏产业、高铁等领域都是世界一流水平。

当然我们一定要清醒地认识到，我们在不少领域内还处在相对落后的状态，不少方面仍然被人家"卡脖子"，这包括半导体产业链、芯片，特别是芯片架构和芯片的设计软件。医疗机械、数控机床、部分高端的轴承技术等。此外我们的原始创新能力还有所欠缺，创新体系、整体效能还有待提高，科技人才队伍结构还需调整，整个科技创新的生态还有待完善。

正是针对这一种的情况，中央反复地强调，要坚持把科技自立自强，作为国家发展的战略支撑，要牢固树立“创新是第一动力”的理念。要下大力气解决好“卡脖子”的问题，要强化国家战略科技的力量，要推动科技领域不断深化改革。总之综合来看，我认为我们已经有了比较好的基础，像武汉具有在中国领先乃至世界名列前茅的光谷、星谷、轨谷、网谷、车谷等。我相信我们一定能够在习近平新时代中国特色社会主义思想的指引下，把握大势，抢占先机，迎难而上，进一步完善国家创新体系，加速实现高水平，科技自立自强的目标，最终迎来我们中华民族伟大复兴。

陈超：

我特别想请教两位教授，您二位觉得国家科技创新，它这个背后究竟需要哪些条件呢？

李建国：

我们的科学技术几乎是从零起家的，所以中国为了进行赶超，我们一路通关打怪，到今天基本上完成了五个重要的条件。第一个条件就是要有一个工业政府。有了工业政府，还需要第二个条件就是筹资渠道，因为科学和技术的发展是需要靠大量投入的。第三个条件是需要完备的市场体系。第四个条件是最宝贵的，需要人才梯队。那么有这四个条件够不够？不够。还有一个很重要的第五个条件就是制度保障。

陈超：

这五个要素当中，提到了一个很重要的就是人才梯队。

张维为：

讲到人才我觉得我们还要提一提，就是科学领域内的战略性人才。像钱学森这样的，我有幸见过他，最近我看到大家都在讨论元宇宙是什么东西，其实他很早就说，他叫它为灵境。

张维为：

我看上海交大图书馆有个钱学森展览馆。钱学森先后讨论相关的概念整整8年时间，在不同的通信中他早就关注到了这个，所以我们一定要注意跟踪这个。

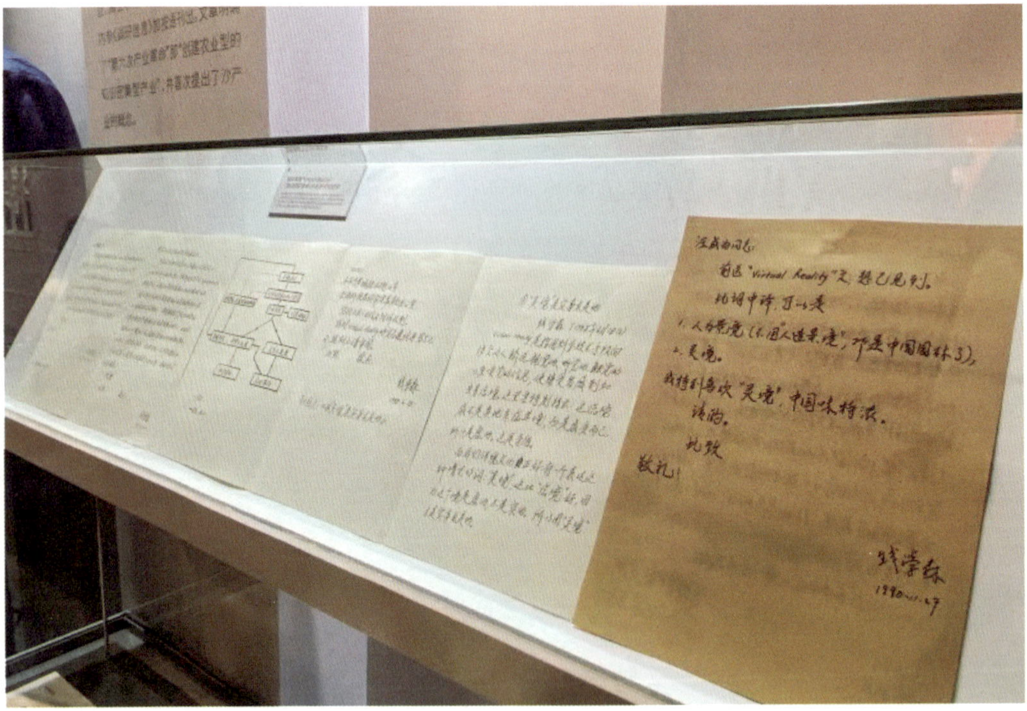

李建国：

2020年9月11日，习近平总书记在科学家座谈会上指出，我们必须走出适合国情的创新路子，特别是要把原始创新能力提升摆在更加突出的位置，努力实现更多“从0到1”的突破。基础研究是科技创新的源头。

陈超：

由此可以看得出来，基础研究的重要性。那接下来我们再来连线一位云上学习团的朋友，听听他有什么问题想要提出。

云上学习团

问题1：

老师，您好！我是“B站UP主”边检小花，我们需要努力实现更多“从0到1”的突破，请问这个“从0到1”的突破，我们该怎么理解？谢谢。

李建国：

“从0到1”的创新，这叫原始创新。原始创新其实就是垂直创新，以前没有，现在有了，比如说电灯泡以前没有，现在有了，这就叫“从0到1”。那共享单车、支付宝，它叫不叫发明呢？我们说它也是，但是这种发明，其实是重大的应用发明。那么如果比起我们的古代的四大发明，就是垂直型“从0到1”的发明，我们说它还有一些距离，因为无论是支付宝也好，还是共享单车也好，其实它是建立在牛顿的微积分和莱布尼茨的二进制基础上的。

张维为：

在人文社会科学，我们聚焦中国道路、中国模式、中国话语等原创性研究，强调原创性。我很受用当年李政道博士讲的一段话，他说怎么做科研，比如你进入一个领域，你就要了解这个领域什么问题还没有解决，最前沿的是什么问题，然后你看这些问题现在做到什么程度，你不用再重复别人的，你就瞄准最前沿的课题，超前考虑、超前研究，包括超前的政策研究，这些东西的思路你要超前，甚至超前5年、10年，但是不管怎么样做原创性研究，这是个起码的要求。

陈超：

基础科学研究具有重要性，我的母校是华中科技大学，你看从我们学校的名字，你就可以感受到科技的含量，对吧？

所以我真的是举贤不避亲，很自豪地向大家来介绍，我母校的国家级科研基地是非常多的。我也带来了一张图片，这是我们学校的一个国家级科研基地，而且今天在我们的真理档案箱当中，有一条真理线索，它就是来自我的母校，来自国家脉冲强磁场科学中心，那接下来我来为大家展示一下。

大家猜得到这是什么物件吗？其实我也不知道，但是我知道它是怎么做出来的，能把这个金属物件做出来，并不是靠我们的师傅手工敲打，也不是说机器冲压能够做出来的，而是利用磁场的强磁力把它吸成这个样子的，是不是觉得特别神奇？接下来我就请上一位本领域的专家，有请我们华中科技大学国家脉冲强磁场科学中心的彭涛教授来为我们做详细介绍，有请。

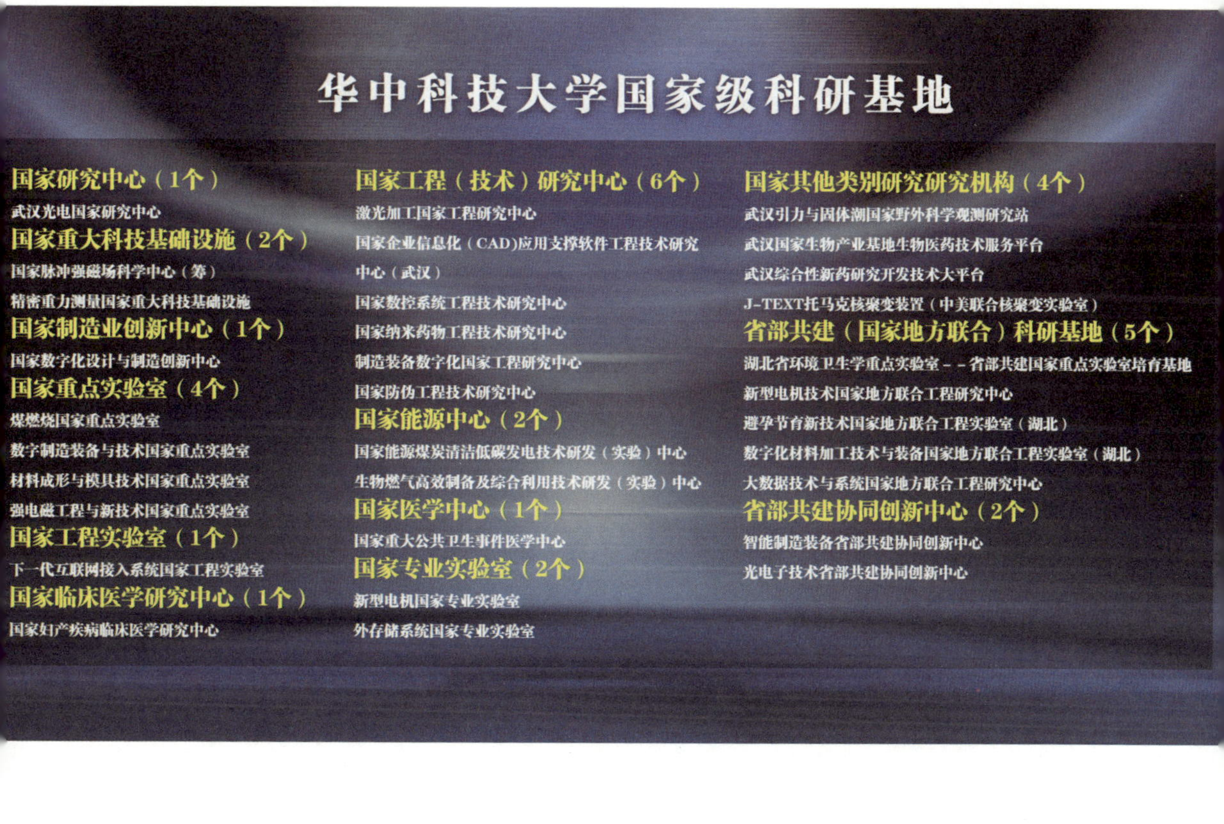

陈超：

彭教授，您好！在您出场之前，我已经在这儿给大家卖弄了一下。它其实重量并不重，应该是铝制的，对不对？

彭涛：

对！

陈超：

那我们知道这个磁铁它吸的对象应该是铁制的，铝为什么能够被磁力所影响呢？

彭涛:

磁铁只能吸铁一类的东西，没有说能够吸上铝或者铜。实际上这个铝是一种导体材料，我们说导体是可以通电流，比如我们家里的电线，对吧？我们在外面加一个变化的磁场，它会在里面产生一个电流，这个电流跟磁场之间会有一个强大的作用力，这个力能够把这一个铝管给吸出来，我们叫胀形，就做成这个形状。

陈超:

那您能不能来为我们介绍一下您所在的脉冲强磁场科学中心？咱这个地方究竟是做什么的？

彭涛:

通俗易懂地讲是产生强磁场，那我们说磁场，在平常生活当中，其实接触得很多，小时候玩的吸铁石，地球也是一个大的磁铁，但是地球的磁场非常低，只有0.5高斯，我们现在要做的磁场是地球磁场的200万倍。

这个装置实际上是国家重大科技基础设施。大家也许听过，我们在贵州有一个很大的射电望远镜FAST，叫天眼。

我们跟它是一个性质的，只不过它是观测宇宙的，我们是要观测物质的微观结构的，所以我们的强磁场装置提供一个极端的实验条件：很强的磁场。在物质研究方面，它类似于一个放大镜，在这种强磁场下，我们就可以看到平常看不到的现象，它现在主要服务于物理、材料、生命科学、医学这些基础研究方面，是一个大的科学平台。

陈超:

您能不能展开说说，能看到哪些我们平时没有办法看到的现象？

彭涛：

我举一个例子，大家都听说过高温超导，高温超导实际上并不是温度很高，而是指零下196（摄氏）度以上的温度，有些材料在零下196（摄氏）度以上，它具有超导电性，而我们讲的超导，它没有电阻。那么大家可以想象一下，如果一个材料没有电阻，我把它做成家用电器是不是损耗就没有了。现在我们的输电，比如从上海到三峡的输电线，如果全部是超导，就省了很多能量。如果发明的这一个超导材料，能够在常温下工作，那么就是一个革命性突破。但是高温超导材料，从发现至今已经有40多年了，现在研究高温超导的机理，有一个很重要的工具就是强磁场，用强磁场就可以在超导体里面发现我希望观测到的现象，用这个物理的实验去验证我的理论是不是对的。那么如果真的能够揭示高温超导的机理，我们就可能有意识地、有目的性地去设计一些超导体。比如说让它在常温，也就是我们20（摄氏）度的时候能够超导，那么这个时候可能就是产生一个革命性的突破了，这是强磁场的用途之一。

张维为：

我文科生也听懂了。

陈超：

我也好像听懂了。

李建国：

我在努力地脑补。

陈超：

所以您所在的中心就是现在咱们的国家脉冲强磁场，在世界上它居于一个什么样的地位呢？

彭涛：

现在我们强磁场应该说在世界上处在一个非常高的水平和地位。我们实验室现在单以磁场强度而论，我们讲磁场就是讲它的强度，也就是我们说的多少特斯拉，1特斯拉，是1万高斯，我们要做100特斯拉，就是地球的200万倍。现在世界上最高水平的当然还是美国，它产生了100.7特斯拉，目前是世界纪录。我们经过短短的10多年时间，已经做到了94.8（特斯拉），接近95（特斯拉），跟美国只差那么一点点，但是已经处在世界前列了。

我们这个实验室是2007年国家批复建立的，那么批复之后建设，其实也就10多年时间，在这10多年的时间里，已经跟上了国外发达国家从20世纪60年代开始的步伐，所以进步应该是非常快的。

陈超:

是。所以咱们经常说，中国是用几十年的时间，走完了西方国家几百年走过的路。我觉得说起这一点，就真的很让我们中国人自豪了。我觉得我们要把掌声送给您，还有您的这些先辈。但是咱们经常说万事开头难，我相信咱们国家在最初建设自己的实验室的时候，应该也是困难重重的。

彭涛:

对，一切从零开始都是很难的。尤其是大家知道，我们国家基础研究方面，前期可能跟国外有一定的差距，我们这个大装置建设的目的之一也是为了基础研究。我们实验室建设，装置建设的每一个元器件、每一个电路板，都是我们自己画的，自己进行调试。因为很多方面大家知道，尤其是高精尖方面多多少少会受到国外的限制。以我自己的研究领域为例，我研究的是脉冲磁体，脉冲磁体是整个脉冲强磁场装置里面的核心，磁体产生磁场，那这个磁体实际上工作在极低温零下196（摄氏）度，还有我们讲的高电压大电流，在这种非常极端的环境，它的工作状况非常困难。

它的设计研制，必须每一步都要做到没有瑕疵。在我的团队当中，我们用直径只有0.1毫米的这种材料，你要反复地缠绕，可能成千上万次、几十万次，这个过程当中还不能出问题。所以整个周期很长，每一步都很重要，出一点问题整个就报废掉了。

我们在夏天的时候，因为工作的需要，可能要穿上防护服，戴上防毒面具、防护面罩，武汉的天气比较热，那种闷热难以忍受。做一次实验下来，整个人就像游泳了一样，非常艰辛。

李建国：

我作为一个华科人，在华中科技大学时常看到一幕，就是晚上你走在每一条道上，只要这一条道上有理工科的大楼，它的实验室都是灯火通明的。我在华中科技大学这么多年，有一种非常强的感受，每当我晚上走在路上的时候，就会冥冥之中感到一种力量，一种鼓舞我们一代一代的科学工作者的力量。就是这样，没有白天，没有黑夜，不断地付出，才奠定了我们今天国家强大（的基础）。我们应该向他们致敬。

彭涛：

华为的轮值主席郭平，他是我们学校毕业的。任正非的姑娘孟晚舟，也是我们学校毕业的。

李建国：

今年（2022年）6月28日，习近平总书记来武汉光谷考察，他指出如果我们每一个人，每一个企业，每一个高校都能够创新，全社会形成一种创新的氛围，我们一定就会成为世界的创新中心和科学高地。

陈超：

所以，让我们再一次向一直坚守在最前沿的科技创新者、科学家们致敬！再次感谢彭教授，谢谢您。

刚刚李教授也和我们大家说了我们华科浓浓的学风。今天来到我们现场的观众朋友当中，有好几位都来自华中科技大学，我们这些师弟师妹，今天在现场聆听了两位教授的讲解之后有什么样的感受？可以分享给大家。

现场观众互动

互动1:

两位老师好，刚刚听了两位老师的讲解，我自己感觉非常非常幸运。我进入到华中科技大学，也跟着一个非常好的导师的团队。我导师21世纪初从海外回国之后，从什么都没有到今天成为热管理领域享誉全球、享誉海外的一个科研团队，一方面是国家和学校真的很支持我们科研人员；另一方面我真的感受到像华中科技大学，还有国内很多高校，他们这样的老师，这样的学生，一代又一代传承的精神，一代又一代奋进的精神，是我们能够实现这些科技成果，实现这些科技成果转化最重要的因素之一。谢谢两位老师。

陈超:

谢谢你。

互动2:

两位老师好，我是来自华中科技大学数学与统计学院的博士生。刚刚听了老师们的讲话，其实有一段话我非常有感触，科技需要数学去进步。有研究文献也指出几乎所有的重大发现都与数学的进步和发展息息相关。国家鼓励交叉融合，那么数学以后也一定会走向交叉融合，像我们统计学其实就是中间的一个交叉学科，我们也希望能够把数学融进更多的学科里面去，让数学和更多的学科碰撞出火花，让数学能够为大家带来更好的社会。谢谢大家。

陈超：

谢谢你。说得真好！

在《习近平谈治国理政》第四卷当中还有这样一句话：高水平研究型大学要把发展科技第一生产力、培养人才第一资源、增强创新第一动力更好地结合起来，发挥基础研究深厚、学科交叉融合的优势，成为基础研究的主力军和重大科技突破的生力军。

也正如武汉大学，还有我们的母校华中科技大学，这样的高等学府，培养出的年轻科技人才，也给湖北的科技发展带来了更多源源不断的新鲜的血液。

要说我们湖北的科技发展，咱们就不得不提到中国光谷了。

我们经常说中国的武汉，世界的光谷，那接下来我们通过一段短片来一起了解一下。

短片画外音

这里是全球最大的光通信研发生产基地、中国第一批国家级高新区、工业互联网国家5大顶级节点之一，承国家重器与世界并肩。第一根光纤、第一个光通信国际标准、第一款商用存储芯片都来源于这里。

党的十八大以来，习近平总书记三次到武汉光谷考察，并提出殷切期望，牢记嘱托，勇担使命。

光谷以518平方千米的面积，集聚了42所高校、30万专业技术人员、80万大学生、10万名研究生。10年来，光谷吸引了世界500强企业入驻近百家。据最新数据显示，光谷外贸出口总额占武汉市六成，占湖北省三分之一，仅2021年一年开发区经济总量就超过了2400亿元。这是一座科学之城、追光之城、向往之城。

聚世界光，为天下谷。

陈超:

我想我们今天现场的每一位朋友，包括我们现场的两位嘉宾，其实都是光谷发展的见证者。

张维为:

据我知道光谷的功劳是巨大的。因为它最早是从光纤产业开始的，而现在中国光纤产业是世界最发达的。我们现在全国的光纤光缆已经是98%的覆盖率了。整个乡村都覆盖了，所以我觉得以后有人会书写这段历史。

现在我了解到光谷已经远远不止光电产业链，还包括生物医药、新能源环保、高端装备制造、高技术的服务业，等等。

陈超:

所以我想这也是为什么，我们回望过去10年，习近平总书记5次考察湖北，其中有3次考察光谷，而且在2013年，习近平总书记来到光谷的时候去考察的这家企业，叫做长飞光纤的企业，现在我们这个企业所生产的光纤预制棒，已经达到了世界第一。在这里我们也有一段短片，我们一起来看一看咱们湖北的光纤有多牛。

YOFC

短片画外音

长飞光纤是光谷最具代表性的明星企业，由它所生产出的光纤预制棒，可由6米瞬间拉长至10000千米，超过北京到伦敦的直线距离。一根细如发丝的光纤，可同时容纳70亿人在线通话。30年来，长飞生产的光纤达7亿芯千米，是地球到火星距离的12倍，是名副其实的世界第一。

陈超:

我想这是非常让我们国人为之骄傲的光纤。

李建国:

2021年5月28日，习近平总书记在“两院”院士大会上提到一个很重要的问题，就是国家实验室、国家科研机构、高水平研究型大学，还有科技领军企业都是国家战略科技力量的重要组成部分。而光谷全部满足这些条件，因此我们说光谷是湖北的一张名片，目前湖北拥有80位院士、有30个国家重点实验室，多项人才指标都已经名列国家前茅，所以我想光谷一定会带领着中国，同时也会贡献世界。

陈超：

青年人其实就是我们一个国家创新的生力军，而且我们每个人的青年时代，也是创新思维迸发最为踊跃的一个时期，所以接下来的路，就要靠青年人一步一步地脚踏实地地踏踏实实地把它走好，真正做到科技自立自强，把科技的命脉牢牢地掌握在自己手中。

再次感谢今天两位嘉宾的分享，也感谢我们现场和线上每一位朋友的参与。

扫一扫观看更多精彩

第5篇

与『死神』竞速的『特战队』

——生命至上的抗疫答卷

嘉宾介绍

王巍，1954年5月出生于吉林长春，中共党员，考古学家，德国考古研究院通讯院士，中国社会科学院学部委员，中国社会科学院考古研究所研究员。

王巍于1982年毕业于吉林大学，后分配至中国社会科学院考古研究所夏商周考古研究室；1995年1月获得日本九州大学文学博士学位；1996年任中国社会科学院考古研究所夏商周考古研究室主任，7月获得中国社会科学院研究生院历史学博士学位；1997年8月晋升为研究员；1998年—2006年任中国社会科学院考古研究所副所长；1999年遴选为博士生导师；2002年当选为德国考古研究院通讯院士；2006年—2017年任中国社会科学院考古研究所所长；2011年当选为中国社会科学院学部委员；2017年12月任河南大学古代文明中心主任；2022年入选《中国新闻周刊》“年度学者”。

简繁，1989年1月生，湖北武汉人，武汉大学马克思主义学院党委委员、副院长、马克思主义中国化系副主任、副教授、硕士研究生导师。

入选湖北省社科联首批“湖北省优秀青年社科人才”、马克思主义理论与中国实践湖北省协同创新中心首批“马克思主义理论研究优秀青年学者”，兼任湖北省科学社会主义学会副秘书长和理事、湖北省中国特色社会主义理论体系研究中心研究员、武汉大学当代中国与世界社会主义研究中心副主任、武汉大学马克思主义学院青年教师协会会长。

主要研究方向为科学社会主义理论与实践、国外社会主义。

引子

2020年除夕夜，数十架专机紧急从全国多地起飞。飞机上都是医护人员，大家沉默不言，面色凝重。他们即将与一种未曾谋面的病毒较量。在目的地武汉，新冠疫情突然来袭，人民生命面临威胁。

面对来势汹汹的疫情，以习近平同志为核心的党中央统揽全局、果断决策，迅速打响一场抗击疫情的人民战争、总体战、阻击战！党员干部、白衣天使、志愿者统统加入战斗。其中，有一支与死神竞速的“特战队”，与病毒短兵相接！“特战队”到底经历了什么？他们是怎么做到的？还有多少无名英雄？是什么让人民将这支“特战队”铭记于心？《改变中国的真理力量》第五集，中国社会科学院历史学部主任、学部委员王巍教授，武汉大学马克思主义学院简繁老师将为大家讲述战场上的故事。

本集内容

陈超：

各位好，欢迎收看《改变中国的真理力量——〈习近平谈治国理政〉第四卷学习辅导公开课》，我是陈超。

2020年初，新冠病毒突然来袭，并迅速扩散蔓延。面对来势汹汹的新冠疫情，以习近平同志为核心的党中央，统揽全局，果断决策，一场抗击疫情的人民战争、总体战、阻击战，在全中国打响。

纵观《习近平谈治国理政》一至四卷，统筹疫情防控和经济社会发展，特别是其中彰显的伟大抗疫精神，无疑是第四卷内容中一个具有鲜明特色的重要组成部分，需要我们深入学习，深刻领悟。

首先，让我们一起通过一段文字，来共同回顾当时令亿万中国人难以忘记的瞬间。

短片画外音

新冠疫情，是新中国成立以来我国遭遇的传播速度最快、感染范围最广、防控难度最大的重大突发公共卫生事件。

面对突发疫情，习近平总书记亲自指挥、亲自部署，明确提出坚定信心、同舟共济、科学防治、精准施策的总要求，全党、全军、全国各族人民，上下同心，全力以赴，迅速打响了一场以武汉为主战场的疫情防控人民战争、总体战、阻击战。

陈超：

一段短片让我们的思绪又回到了那个冬天，我们今天也非常荣幸地邀请到了两位专家参与今天的讨论。

首先，我要为大家介绍的是中国社会科学院历史学部主任王巍教授，欢迎您。

欢迎王院长。

接下来，我们来欢迎武汉大学马克思主义学院副院长简繁老师，欢迎。

其实咱们国家是一个拥有14亿多人口的大国，人口密集，幅员辽阔。从理论上来说，可能会是世界上疫情防控难度最高的国家之一。然而面对这样的挑战，我们国家可以说是交出了一个极为优秀的答卷。

所以，我首先想请王巍教授来和大家简单地谈一谈，作为抗疫“优等生”，我们是如何做到的。

王巍：

大家好，我是王巍，我是一个考古学家，在北京工作。

记得那年，我们即将过春节的时候，听到武汉暴发了疫情，然后我们可以看到全国在支持武汉，包括物资运输。我们那时候很紧缺的抗疫用品。在海外，一些留学生、一些华侨都来支持。确实，我觉得从来没有经过像这样举全国之力来同心抗疫。所以，我正是受到感染写了一首歌，叫《白衣天使的心声》。作为一个中国人，能够为我们的抗疫作出一些自己的贡献，我觉得非常欣慰。

那时候我们听到社会上有一些各种各样的声音，说我们的抗疫如何如何。但是有比较才有鉴别，通过各国的抗疫的状况，才体现出我们中国在以习近平同志为核心的党中央的领导下，我们的抗疫精神，我们全国的组织，我们全国人民的团结，我们医护人员舍小家为大家，所有的所有，确实体现出我们中国，我们共产党的领导，我们中国人民的坚韧不拔、团结一心，我们社会主义制度集中力量办大事，全国一盘棋，这些优势充分地得到了体现。

我觉得抗疫的胜利是一个很好的向我们的国人，向青少年，向世界彰显中国特色社会主义强大的生命力。

陈超：

感谢王教授真诚的分享和对我们青年人的鼓励。您刚刚在演讲当中为我们深入地剖析了中西方在对应疫情大考时的差异，其实我相信也是从事实上向我们展示了中华民族在战疫过程中所展现出来的一种独特的精神力量。不仅仅是在抗疫期间，其实在我们很多不同的历史阶段这种精神的力量也是屡有展现的。

简繁：

确实，据统计我们中华民族的历史上，从公元前206年到公元1949年，我们历史上发生了大水灾1029次，大旱灾是1056次。那么每每遇到这种困境、灾难的时候，我们中华民族总是展现出一种敢于克服困难、敢于斗争的精神。

那么在抗疫过程中我也看到了，很多平凡人挺身而出。他们身上所体现的这种民族精神、人民力量，令我尤其感触。

陈超：

是，我相信其实我们每一个人都会有一个真切的感受，那就是感受到了平凡人的伟大，榜样就在我们的身边。而且今天还有几位战疫英雄，他们也来到了我们节目的现场，在邀请他们出场之前，我们先来共同打开真理档案，看看今天真理线索的物件是什么。

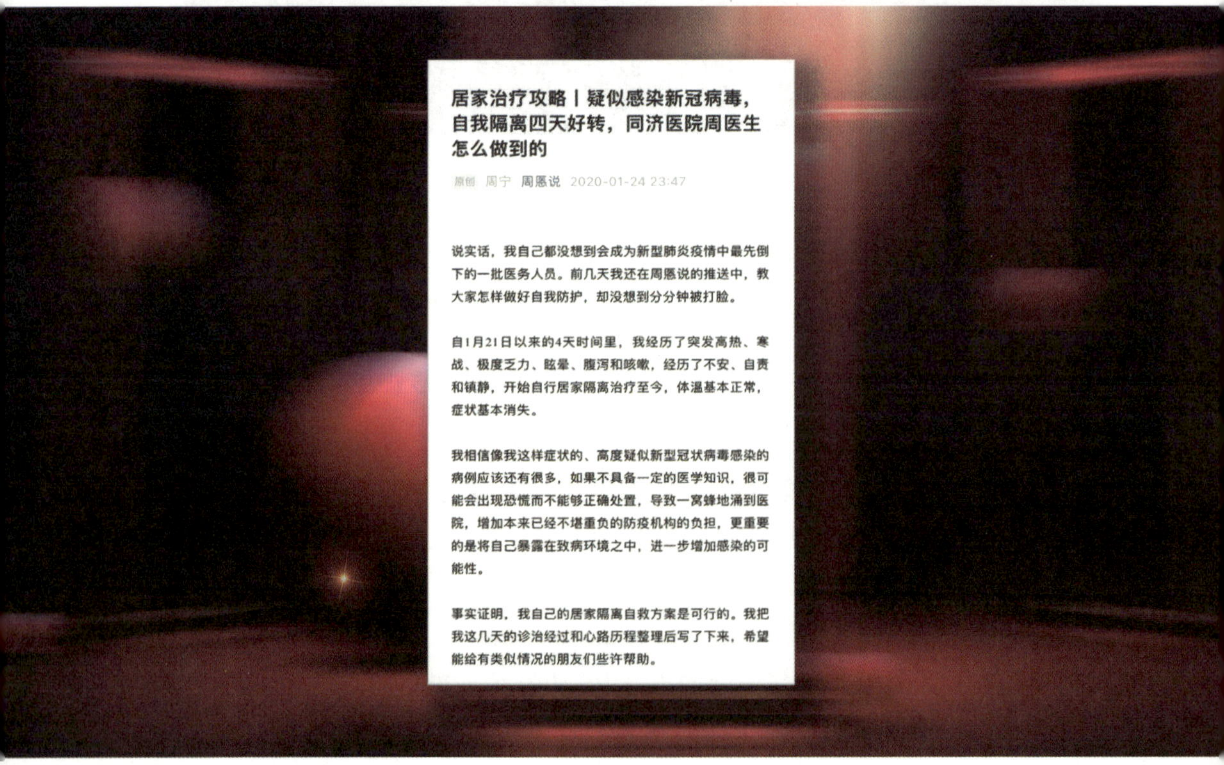

居家治疗攻略丨疑似感染新冠病毒，自我隔离四天好转，同济医院周医生怎么做到的

原创 周宁 周愿说 2020-01-24 23:47

说实话，我自己都没想到会成为新型肺炎疫情中最先倒下的一批医务人员。前几天我还在周愿说的推送中，教大家怎样做好自我防护，却没想到分分钟被打脸。

自1月21日以来的4天时间里，我经历了突发高热、寒战、极度乏力、眩晕、腹泻和咳嗽，经历了不安、自责和镇静，开始自行居家隔离治疗至今，体温基本正常，症状基本消失。

我相信像我这样症状的、高度疑似新型冠状病毒感染的病例应该还有很多，如果不具备一定的医学知识，很可能会出现恐慌而不能够正确处置，导致一窝蜂地涌到医院，增加本来已经不堪重负的防疫机构的负担，更重要的是将自己暴露在致病环境之中，进一步增加感染的可能性。

事实证明，我自己的居家隔离自救方案是可行的。我把我这几天的诊治经过和心路历程整理后写了下来，希望能给有类似情况的朋友们些许帮助。

好，我们可以看到，我手中现在拿到的这件真理线索其实是一张公众号的截图。这个公众号文章的作者是一位医生，而且曾经也是一位新冠的感染者，他就是被大家亲切地称为“生命特战队”队员的周宁，让我们掌声有请。

周宁：

大家好，我叫周宁，是同济医院心血管内科的一名医生。

2020年初，我在诊治病人的过程之中被感染了新冠病毒，开始自我隔离治疗，幸运的是，由于病情较轻，几天之后症状就好转了。回想起当时的经历，要说不害怕，那是吹牛，但是，我是一名医生，我不能对病毒认输，我有责任把自己的经历告诉那些惊慌失措的人们。

大年三十晚上，我就坐在床上，用手机逐字逐句地敲下了这几天来的隔离治疗的经历，并且发布到我的微信公众号上。没几天，阅读量就超过了1500万，后台留言有14000多条。

有人在后台留言说：“周医生，我和我的家人每天都很害怕，但是我们读了你的文章，心里安定多了。”

隔离期一结束，我就立刻打电话请战，作为第一批的医务人员，开始收治新冠的危重症病人。我在ICU（重症加强护理病房）工作的52天里，救治的病人很多很多，但是有一个人我一辈子也不会忘记，他叫老程，今年50岁。

（2020年）2月12日老程转入我们ICU病房的时候生命垂危，但是老程是我们见过的最坚强的病人，只要处在清醒状态，他就把眼睛睁得大大的，他对我说：“我不能闭上眼睛，我怕我一闭上眼睛，就再也睁不开了。”老程的坚强深深地打动了我们，大家心里都憋着一股劲，哪怕只有百分之一的希望，也要付出百分之百的努力！

救治老程的重点最后落到上不上ECMO（体外膜肺氧合），什么时候上ECMO。作为护心小分队中ECMO的技术负责人，我决定：上，而且要尽快上。我知道这是一个带有冒险性质的决定，一旦有闪失，我的职业生涯将留下不光彩的记录，但我更知道，如果不去拼死一搏，老程几乎生还无望。

（2020年）2月19日上午，手术开始了。血管穿刺、送入导丝、送入鞘管、联机循环，当鲜红的血液从ECMO的管道之中奔腾而过的时候，我们ICU的同事们都激动地鼓起掌来。老程，接下来就看你的了！

一天过去了，两天过去了，三天过去了，那些天所有的人都在期待着一个结果，但是所有的人都不敢去讨论结果。

功夫不负有心人，（2020年）2月27日上午11:30，老程成功撤除了ECMO。在撤机的那一刻，我忍不住欢呼了起来："你活过来了，活过来了，活过来了！"

既然选择了这一身白衣，就要担负起这份责任。在今后的工作中，我们将以真情回报真情，用生命护佑生命，以实际行动致敬英雄的湖北人民，英雄的武汉人民，谢谢大家！

陈超：

感谢周宁医生的倾情分享。其实我相信像周宁这样的医务工作者只是各条战线中抗疫勇士的一个缩影，千千万万的勇士们临危不惧、视死如归，也充分展现出了明知山有虎，偏向虎山行的英雄气概。

简繁：

其实不管是刚才分享的周宁医生，还是很多这样的医务工作者，他们身上都体现了一种舍生忘死的精神。舍生忘死，集中体现了中国人民敢于压倒一切困难而不被任何困难所压倒的顽强意志。

不光是我们刚才谈到的几位，在抗疫的斗争中，有两千多名医务工作者都感染了新冠病毒，其中有几十人献出了自己的宝贵生命。在英勇牺牲的人中，有70%以上是我们的党员同志，可以说他们是用自己的实际行动在践行随时准备为党和人民牺牲一切的铮铮誓言。

陈超：

其实我相信周宁医生他也是用自己的实际行动践行了习近平总书记反复强调的一句话，那就是要把人民群众生命安全和身体健康放在第一位。

而且刚刚周宁医生在给我们介绍的时候也提到了ECMO（体外膜肺氧合），一般使用ECMO治疗的，我们都知道，那都是最为危重的病人。而且在2020年首批接受ECMO治疗的患者当中，有的患者甚至在20天内经历4次病危，半个多月暴瘦了40斤。另外其实我们都知道ECMO它的使用成本是相当高的。

简繁：

就像刚才主持人所说的，这个ECMO费用是很贵的。据统计，在我们整个抗疫的过程之中，患者平均的医疗花费是23000多元，其中重症患者是15万元，个别的这种危重症达到了几十万甚至是上百万元。我们是从出生仅30多个小时的婴儿到100多岁的老人都是全力救治的以湖北为例，当时湖北就救治了3000多名80岁以上的老人，真正做到了我们很熟悉的一句话，叫做：为了拯救人民生命，我们什么都可以豁得出来。

陈超：

你看刚刚咱们也说到了，下至出生30天的婴儿，上至百岁的老人。所以我就想到了当时在疫情防控期间特别出圈的一位老爷爷，我们都亲切地叫他“夕

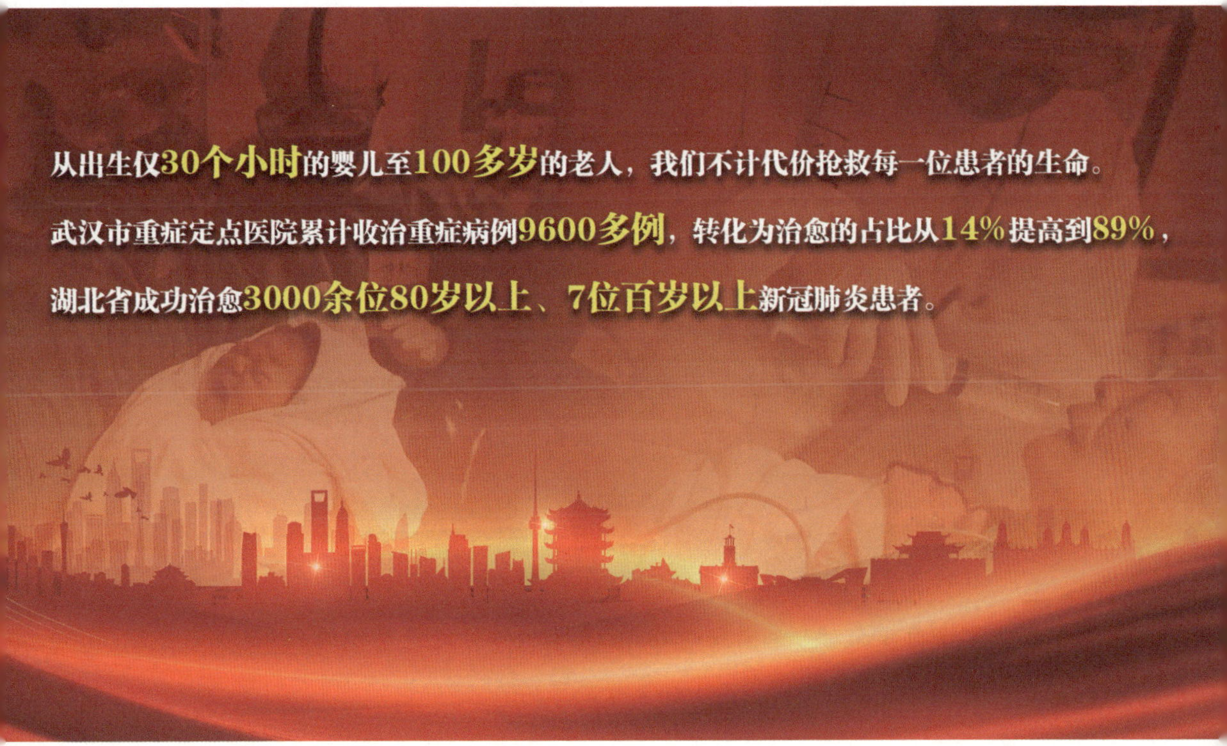

阳爷爷”，我们一起来看看这张照片。

照片记录的就是上海援鄂医疗队员医生刘凯，在护送王欣老人做CT（计算机断层扫描）的途中特意停下脚步，让老人来欣赏夕阳的暖心瞬间。

其实当时王欣老爷爷已经87岁高龄了，今年已经90岁高寿了。现在身子骨依然特别硬朗。而且您知道吗，他每天除了出来散步遛弯之外，还会拉着一个小车，帮女儿、帮家里人取快递。经常会在小区的凉亭里面拉小提琴，因为王欣爷爷他其实之前是武汉爱乐乐团的一位小提琴手。

王巍:

我当时看这个照片也非常感动，首先照片的艺术性非常好。而且它的寓意：光辉，沐浴在医护人员和病人（身上），体现我们党的光辉。然后我在我的音乐视频当中还用了这个，我觉得非常好。

简繁:

这个老人，身上确实有一股乐观的力量。虽然我们看的是夕阳，但这可能是最充满朝气，最充满生的希望的朝阳。我记得好像是在老人出院之后，他曾经又回到了医院，再次在这同一个地方照了一张夕阳照片。

陈超:

真的是可以看得出来，当时咱们是不惜一切代价地来救治所有的患者。所以那个时候面对一个未知的病毒，大家内心肯定是恐惧的，但是我们背后是强大的祖国在给予我们最大的支撑。

简繁:

那么从刚才的几个故事、短片，以及我们的探讨来看，在抗疫过程中，既有不惜一切拯救生命的情况，也有我们对于这个普通老百姓的生活的关注，这些其实都彰显了一种生命至上的精神。

生命至上，集中体现了中国人民深厚的仁爱传统和中国共产党人以人民为中心的价值追求。

陈超:

那接下来让我们再一次打开真理档案，看看今天还有怎样的真理线索。

我手里的这一条真理线索是一张临时通行证，大家可以看到在车牌号这一栏写了三个字：自行车。那在这个背后又隐藏着一段怎样的故事呢？我们先来看一段动画短片。

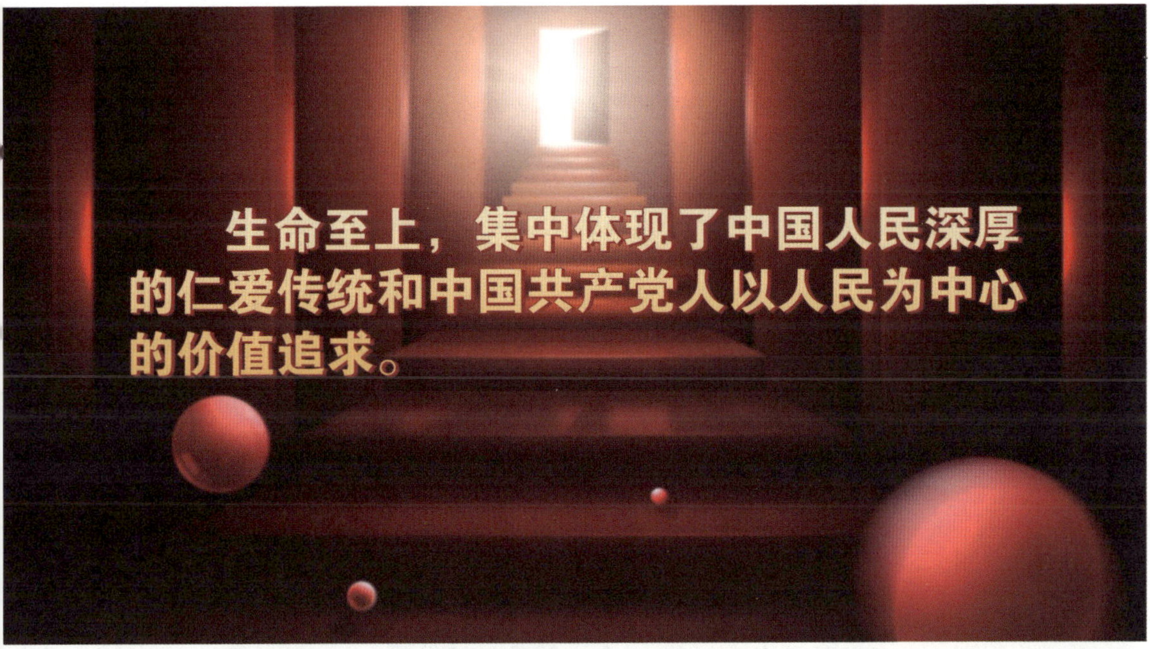

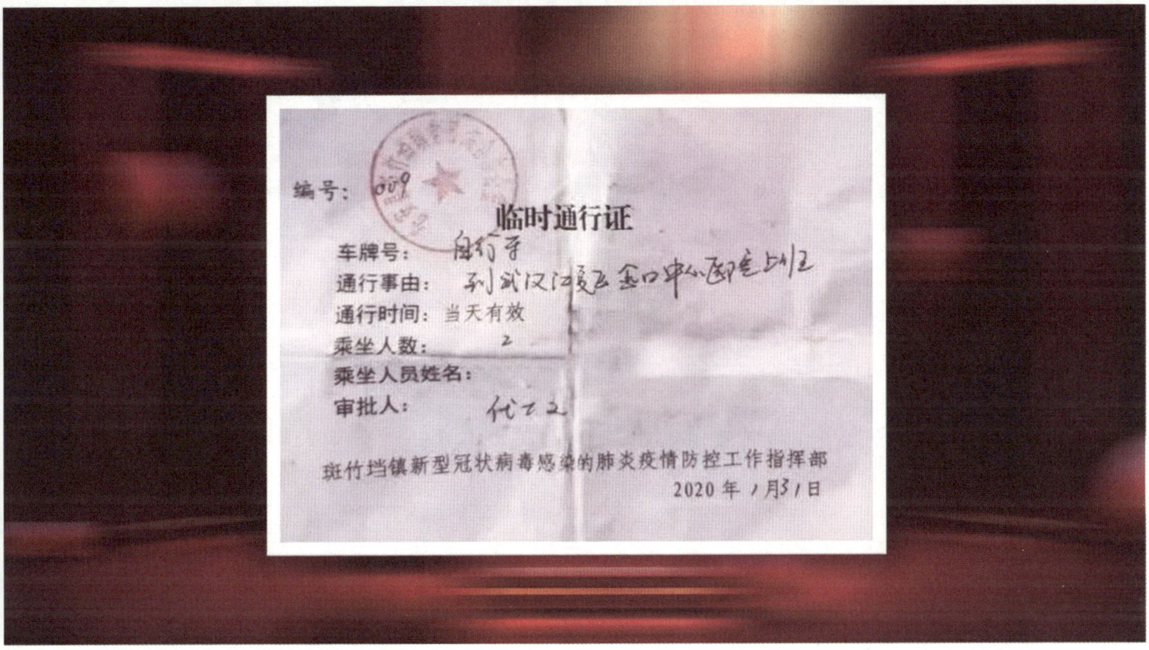

编号：009

临时通行证

车牌号：自行车

通行事由：到武汉江夏区金口中心医院上班

通行时间：当天有效

乘坐人数：2

乘坐人员姓名：

审批人：代卫之

斑竹垱镇新型冠状病毒感染的肺炎疫情防控工作指挥部

2020年1月31日

短片字幕

这个女孩，骑行300千米的“逆行”故事感动了无数人……

她，是一名“95后”女生，同时，也是一名社区医生。

2020年疫情来袭，她毅然决然地决定从荆州老家返回武汉，投身抗疫一线。

非常时期，车辆禁止通行。但她仍然坚定地踏起她那辆破旧的自行车，历经4天3夜，冒着寒风冷雨，跋涉300多千米赶回工作岗位。

她就是来自武汉市江夏区金口中心卫生院的医生——甘如意。

陈超：

真的很难想象，当时是怎样从内心迸发出了这样一种强大的力量。

王巍：

这个我感受挺深，确实，通过这次抗疫，包括这个小甘所表现出的这种坚韧不拔。说实在的，我一想，骑车骑几百千米，这确实是相当相当不容易。而且，按道理说既然没有车，没有交通工具，那我完全可以不去了，对吧。

陈超：

是，不仅仅是甘如意，其实在这次疫情当中还有同样千千万万位像她这样的“逆行者”。

在这里我们也有一个短片，我们一起来看一看。

短片画外音

2020年1月24日至3月8日，全国共调集346支国家医疗队，4.26万名医务人员。

与此同时全国各界奋战前线、勇挑重担、不惧风雨、攻坚克难。

国有企业、民营企业、科研工作者、人民解放军、武警官兵、公安民警、社区工作者、海关关员。

这些力量凝聚成共抗疫情的强大合力。

陈超：

这一幅幅画面，一组组数据，真的是让我们特别地震撼。我不知道简繁老师您当时在看到这些数据的时候有什么样的感受？

简繁：

确实，当时在武汉流传着一句话，叫做“我要在家里蹲住，要把病毒‘闷死’”。

可以说正是因为有湖北人民、武汉人民的积极配合，甚至很多人是直接参与到了一线的抗疫工作之中，我们才能够取得胜利，才能够夺取全国疫情防控的重大战略成果。

举国同心，集中体现了中国人民万众一心、同甘共苦的团结伟力。

陈超：

我相信如果说举国同心是为我们抗击新冠疫情筑起了铜墙铁壁的话，那我相信科学防治、精准施策则是为我们提供了一个击退敌人的突破口。

当然科学防治，我们都知道它肯定不是一蹴而就的，所以首先，让我们先把视线聚焦到疫情防控期间的一位患者身上，一起来看大屏幕。

短片画外音

李超是出租车司机，入院前一直没有停工，他想不起是如何感染的病毒，但就在他出现发热症状后，家人陆续生病入院。

李超：医院对父亲下了病危（通知）以后，肯定有一点的心理准备，但是肯定不愿意去接受。

李超一家决定捐献父亲的遗体做医学解剖之用。

要想进一步认识这一新发传染病，需要通过遗体病理解剖来实现。

在这次疫情中，遗体病理解剖为抗击疫情作出了重要贡献。

有的人永远留在了这个寒冬，是为了让更多的人能够迎来春天。

陈超:

你看，堂堂八尺男儿在面对我们的摄像机镜头的时候，说着说着，眼泪就不自主地流了下来。

其实我们真的很难想象李超在签下父亲捐献遗体书的时候是怀着怎样的一种心情，但是正是像李超父亲这样的91位中国人，以捐献遗体的方式，在至暗时刻迈出勇敢一步，帮助世人认识了新冠疫情的发生发展机理，把自己的一切永远留在了武汉。

我想也正是像刚刚短片最后为我们呈现的那句话所说的一样：有些人永远留在了寒冬，是为了让更多人可以迎来春天。

王巍:

我觉得我们这次抗疫的斗争中，科学的防疫是发挥了关键的作用。

因为我们知道，任何一个疾病，它有它产生发展的机理。你如果不了解这种病理，这种过程，那谈不上治疗，所以我们就要对症下药。但是怎么样来更深入地了解，那就需要捐献遗体。

我觉得，确实是一个一个的“小人物”，平凡的人物的共同付出，体现了大爱无疆的精神，体现了中华民族舍己为人的高尚品质。我觉得这是我们中华民族能够凝聚，文明能够持续发展的一个最重要的原因。所以人民万岁。

简繁：

我们在整个抗疫过程中，既有中央的科学指挥决策，又有医院的科学救治，还有科研工作者的科学研发，更有社区的科学防控，整体上构成了一个尊重科学的精神大观。

可以说尊重科学，集中体现了中国人民求真务实、开拓创新的实践品格。经此一役，尊重科学已经成为我们的国家气质和国民品格。

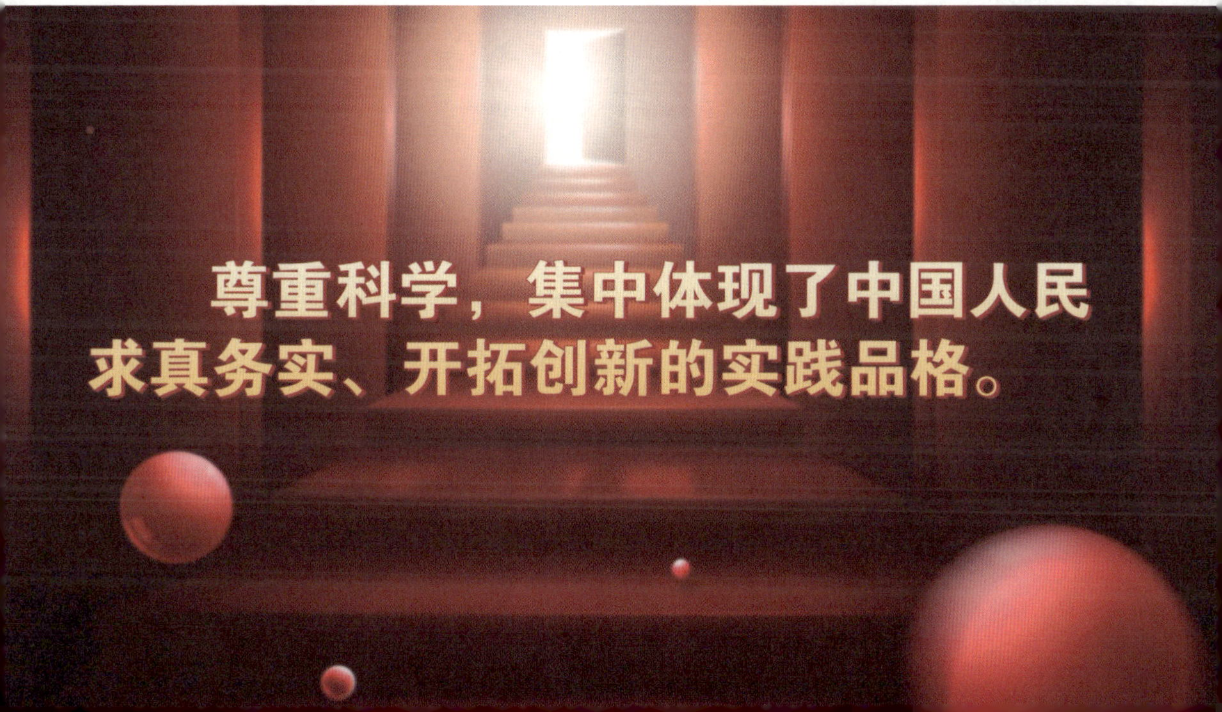

陈超：

所以我相信尊重科学不仅仅是造福我们自己，同样也是造福世界各国。你看，中国研制的诊疗和防控方案、筛选出来的药物、研发的疫苗，等等，不仅是保护了咱们自己国家人民的生命安全和身体健康，同时也是作为全球的公共产品，为世界人民战胜病毒提供了最有力的武器。

接下来我们一起来看一段短片。

短片画外音

截至2022年5月，中国已累计向34个国家派出了37支医疗专家组，向153个国家和15个国际组织提供医疗物资，累计提供了22亿剂新冠疫苗、46亿件防护服、180亿人份检测试剂、4300余亿个口罩等抗疫物资。

在疫情面前，没有谁是一座孤岛。让我们休戚与共，守望相助！

陈超：

当时我们处于疫情之中，自己也会想这样一个问题：咱们国内的疫情尚未结束，为什么在抗疫仍然面对着巨大挑战的时候，我们还要向外“输血”呢？

简繁：

确实这个问题当时很多人都不太理解。但是如果我们回溯一下，疫情刚刚在武汉暴发的时候，武汉是急需各方面的物资的。当时来自全世界的，从政府到组织、到个人，都在为中国、为湖北武汉声援，甚至是进行捐赠。

中国人向来有投桃报李的传统，所以当我们的疫情控制的还不错的时候，这个时候世界范围内暴发了大规模疫情，我们也是果断地发起了新中国成立以来援助时间最为集中、涉及范围最广泛的一次紧急人道主义行动。对外捐助物资、与各国分享抗疫的经验，为全球的抗疫注入了一种源源不断的中国力量。这充分展现出了我们的大国形象，也充分诠释了我们经常所提倡的为世界谋大同、构建人类命运共同体的大国担当。

王巍：

我记得我们的医疗队和医护用品到达塞尔维亚时，塞尔维亚的总统亲自到机场去迎接，然后肘相碰来表示代替握手，这使我印象非常深刻。

这种时候，在各国最困难时候的援助才真是雪中送炭，我觉得体现了我们人类命运共同体的理念。命运与共，集中体现了中国人民同舟共济、爱好和平的道义担当。

在全世界抗击疫情斗争中，习近平总书记首次提出构建人类卫生健康共同体的倡议，主张世界各国携手抗疫，受到国际社会的广泛赞誉。

大战大考铸精魂，习近平总书记指出，在这场同严重疫情的殊死较量中，中国人民和中华民族以敢于斗争、敢于胜利的大无畏精神，铸就了生命至上、举国同心、舍生忘死、尊重科学、命运与共的伟大抗疫精神。这正是我们取得抗疫斗争重大战略成果的精神密码。

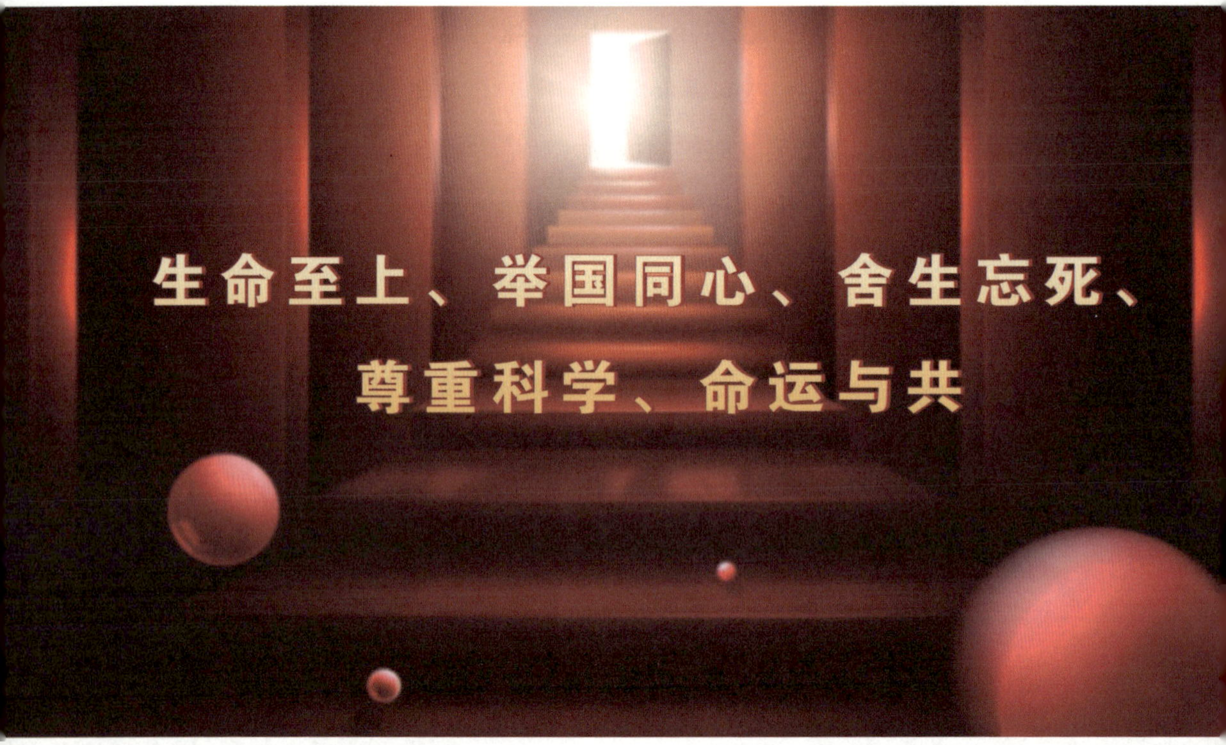

陈超：

谢谢，感谢王巍教授，也感谢简繁老师今天和我们的分享。

其实您看到，今天节目现场，包括在我们的线上有很多年轻的朋友，他们也在和我们一起认真学习、深刻感悟。所以接下来这个时间就交给我们现场和线上的青年朋友们，请他们来为我们提几个问题好不好？

现场观众：

简老师您好，作为在湖北上了几年学的学生我有一个感觉：从2020年4月，武汉保卫战、湖北保卫战取得决定性成果以来，湖北在疫情常态化防控这一方面确实做得很不错，尤其是在后面局部地区的聚集性疫情的防控上也能够做得很好。

所以我就想问一下简老师，就是我们是怎么做到这些的呢？

简繁：

确实，我们湖北在常态化疫情防控方面可以说是走在全国前列的，能做到这样非常不容易。我觉得首要的一点还是因为我们坚决贯彻落实了习近平总书记关于统筹疫情防控和经济社会发展的一系列重要论述。

习近平总书记在湖北武汉考察时，专门去到了基层社区，了解基层疫情联防联控机制运行情况，也对社区便民核酸采样等常态化疫情防控措施表示肯定。2020年武汉保卫战胜利以来，武汉这两年又遇到了多次聚集性疫情，但很快控制住了，没有发生大的反弹，武汉市常态化疫情防控工作做得好，经验值得总结。

湖北武汉坚持党的领导，依靠社区这个重要的基层基础，坚持外防输入、内防反弹的总策略和动态清零总方针。

有中央的科学指挥，有湖北科学的防控措施，还有人民群众的积极配合，我们才取得了常态化疫情防控中的良好效果。

云上学习团观众

王老师您好，我是“B站UP主”宋浩老师。

面对这次疫情的考验，我相信全世界的医务工作者内心都是想要控制住疫情的，那为什么中国却可以成功控制住疫情？

王巍：

我也在想这个问题。确实我们可以看到有些国家，上百万人的死亡，然后感染，有的国家都接近千万了，所以我觉得有多方面的原因：一个就是以习近平同志为核心的党中央的坚强领导，及时制定了一系列的重大战略部署。还有我们社会主义制度的优越性，我们可以看到有的国家，州和州之间，不仅不互相配合，还互相掣肘。比如抗疫物资，经过这个州要运到那个州会被扣起来。我们则是一盘棋。我觉得这一点是我们社会主义制度优越性的重大体现。各个战线、各个领域都参与全民抗疫。再有就是我们的人民。我们的人民非常团结，非常舍己为人。

我觉得这三个方面应该是我们取得决定性胜利的几大主要因素。

陈超：

所以说除了咱们说到的伟大的抗疫精神之外，我们国家的制度优势也是有决定性原因的，对不对？

王巍：

这次体现得非常深刻。只有社会主义能够让中国发展，能够让民众过好日子，只有共产党的领导才能够带领大家走向富强。

现在讲不忘初心。初心是什么？以人民为中心，我觉得这次在抗疫当中有了很好的体现。

陈超：

谢谢王教授。

英雄的中国人民必将在波澜壮阔的伟大斗争中创造民族复兴新的历史伟业！

以上就是我们今天节目的全部内容，我们下期节目再见。

再次感谢两位老师，谢谢。

扫一扫观看更多精彩

第6篇

三峡深处亿元村

——以民为本的共富奇迹

嘉宾介绍

刘永忠，中共党员，教授、博士、博士研究生导师，现代农业（柑橘）产业体系岗位专家。长期从事果树（柑橘）栽培技术研发和果实品质调控方面的研究，先后主持国家级省部级课题20余项，是国家重点研发计划“常绿果树优质轻简高效栽培技术集成与示范”项目负责人、国家重点研发计划“柑橘黄龙病综合防控技术集成研究与示范”项目课题负责人，并参与国家重点研发计划“果树优质丰产的生理基础与调控”；先后发表科研论文80余篇。

孔浩，中共党员，政治学博士，讲师，华中农业大学马克思主义学院教师。主讲“毛泽东思想和中国特色社会主义理论体系概论”等课程。主要从事村民自治与乡村治理、基层与地方治理，以及产权政治学相关领域研究。

李辉，湖北省宜昌市秭归县归州镇万古寺村村民、“背橙客”，将平均每筐120斤左右的橙子从秭归山上背到山下收橙子的客商车上，就这样坚持了20年。

引子

不收费就能听的“致富”宝典？近年来，你是否越来越多地听到一个民生领域的关键词叫“共同富裕”。“共同”意味着我们都被包括在内；“富裕”则需要一定的方法与制度性的安排。而最终决定你是否能够实现富裕，就在这5个字——“高质量发展”。武汉大学经济与管理学院的杜莉教授、华中农业大学马克思主义学院的孔浩老师将用一个小小的脐橙为你解答共同富裕背后的核心，还会和大家探讨中国又是如何打赢这场没有硝烟的战争的。

本集内容

陈超：

带领人民创造美好生活，是我们党始终不渝的奋斗目标；坚持以人民为中心的发展思想，是我们国家经济发展的根本立场；促进全体人民共同富裕，是这一根本立场的鲜明体现。习近平总书记指出：“我们追求的发展是造福人民的发展，我们追求的富裕是全体人民共同富裕。”打赢脱贫攻坚战，是我们迈向共同富裕的第一步，首先让我们一起来看一条短片。

短片画外音

这十年，湖北省城镇居民的人均可支配收入，从2012年的20840元，增长到2021年的40278元，农村人均可支配收入从2012年的7852元，增长到2021年的18259元，湖北人民实现收入翻一番。截至2020年，湖北

37个贫困县全部摘帽，全省581万贫困人口全部脱贫，书写了中国减贫奇迹的荆楚篇章。

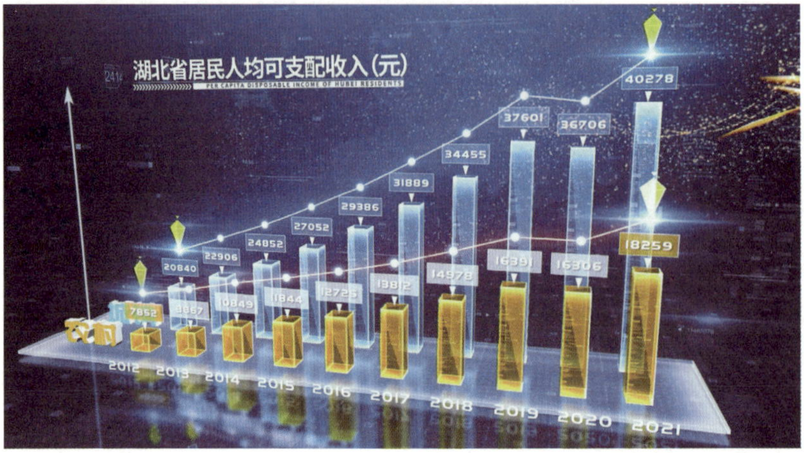

陈超：

湖北脱贫攻坚战取得的胜利，是近年来中国脱贫事业的一个缩影，也是走向共同富裕的一个缩影，而共同富裕是《习近平谈治国理政》第四卷中的核心内容之一。今天，我们非常荣幸地邀请到了两位专家参与今天的讨论，武汉大学经济与管理学院的杜莉教授和华中农业大学马克思主义学院的孔浩老师，欢迎！

陈超：

在今天的节目当中，我们将请两位老师带着我们一同来解读习近平新时代中国特色社会主义思想，扎实推动共同富裕。到底什么是共同富裕？为什么要实现共同富裕？我们究竟应该怎样实现共同富裕？首先让我们有请杜莉老师开讲。

杜莉：

大家好。大家不难发现，共同富裕已经全面接力小康社会，成为我们社会民生领域的政策关键词。这是因为今天我们正站在一个非常特殊的历史时期——“两个一百年”的交汇点。

“两个一百年”奋斗目标由党的十五大报告首次提出，第一个一百年是建党一百年（2021年），第二个一百年是新中国成立一百年。今天，我们就站在了这两个一百年的交汇点。

第一个一百年，我们的奋斗目标是全面建成小康社会，实现这一目标标志性的指标就是摆脱贫困。2021年2月25日，全国脱贫攻坚总结表彰大会召开，习近平总书记宣告，我国脱贫攻坚战取得了全面胜利，现行标准下9899万农村贫困人口全部脱贫，832个贫困县全部摘帽，12.8万个贫困村全部出列，区域性整体贫困得到解决，完成了消除绝对贫困的艰巨任务，创造了又一个彪炳史册的人间奇迹！

中国全面脱贫，是具有伟大的历史意义和世界意义的事件。摆脱贫困、丰衣足食是多少代中国人深深的渴望，几千年没做到的事，我们这一代人做到了、干成了，这就是它的历史意义。纵观世界历史，贫困是人类社会的顽疾，反贫困始终是古今中外治国安邦的一件大事。中国减贫规模大，改革开放以来，7.7亿农村贫困人口摆脱贫困，为全球减贫贡献70%以上，我们提前10年完成了联合国2030年可持续发展议程的减贫目标，更重要的是，中国为全球减贫提供了一种中国方案——精准脱贫。

第二个一百年，我们要把中国建成社会主义现代化强国。所以，习近平总书记称我们的青年为“强国一代”。党的十九大清晰地擘画出了第二个一百年的时间表和路线图。从2021年到21世纪中叶，还剩30年。我们中国人是一段接着一段搞，所以我们把这30年分成两个15年来接续奋斗。这样第一个15年就到了2035年，中国基本实现社会主义现代化；再奋斗15年到21世纪中叶，中国建成社会主义现代化强国。

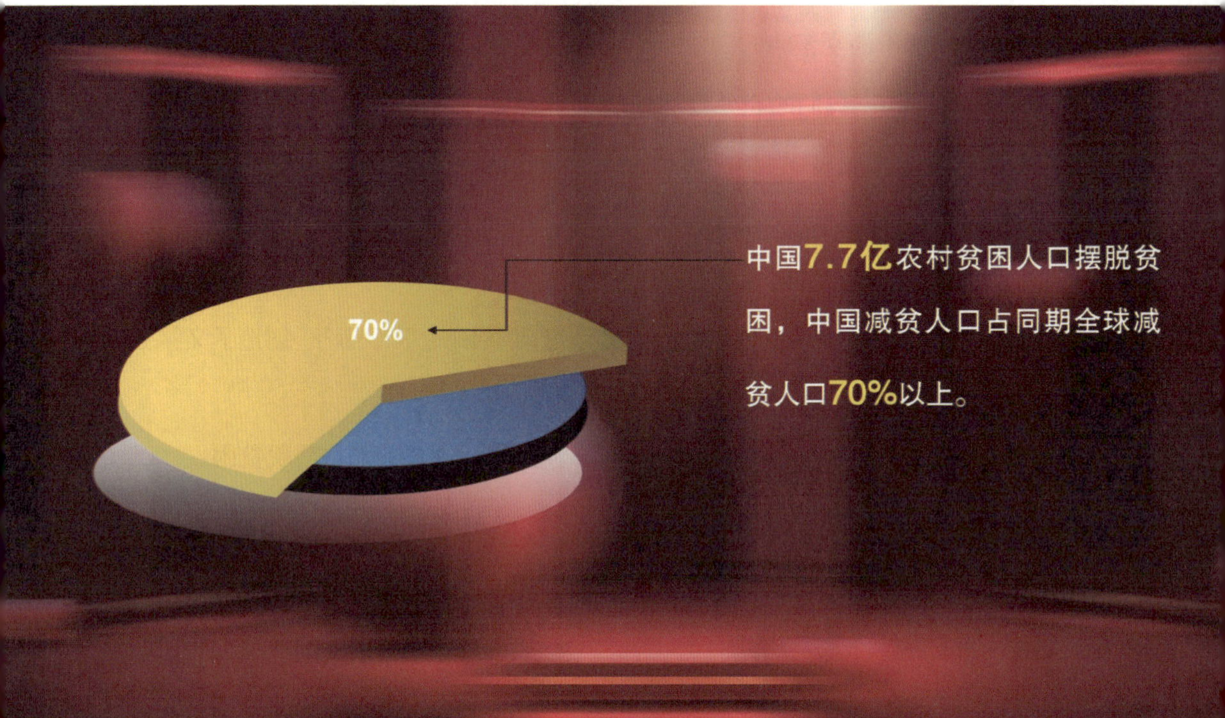

党的十九届五中全会描绘了2035年的九条远景目标，其中第九条叫落脚点。人民生活更加美好，人的全面发展、全体人民共同富裕取得更为明显的实质性进展。所以让人民过上好日子，实现共同富裕，是我们接续努力的下一个目标。国之称富者，在乎丰民，它所体现的是中国共产党以人民为中心的执政理念。

习近平总书记指出："我们始终坚定人民立场，强调消除贫困、改善民生、实现共同富裕是社会主义的本质要求，是我们党坚持全心全意为人民服务根本宗旨的重要体现，是党和政府的重大责任。"人民对美好生活的向往，涵盖了经济、政治、文化、社会、生态环境等各个方面，所以我们说的共同富裕，是全体人民共同富裕，是人民群众物质生活和精神生活都富裕。

短片画外音

"阿姨您去哪儿呀？""去跳广场舞撒！"

"马上开始跳舞了啊，向左转。"

“您跳了多长时间啊？”“我在桐山村跳了18年。”“跳了快4年了，可以跳到60岁吧。如果我身体好的话，我一直跳到我跳不动为止。”

“您是怎么想着跳广场舞的呢？”“一听到音乐了，我浑身都扭起来了，自信感，信心满满的。”

舞鞋、舞衣，这是每晚的标配，全国超1亿人参与的广场舞，已经带动了万亿级市场。

想快乐，来跳舞！

杜莉：

我们看到了中国人，独乐乐不如众乐乐的独特的中国集体主义文化，我们中国人，跳舞要一起跳，脱贫路上也一个都不能掉队，富裕路上更是一个都不能少。所以共同富裕不仅是一个经济表述，“共同”二字，更是一种文化的展示，它是中华民族最为质朴古老的理想之一。共同富裕的核心，就是要让中国的收入结构，经历一场从金字塔型向橄榄型的转变。如果是一个金字塔型的结构，就是一个穷人多富人少的结构，世界上大部分国家的收入分配结构都是金字塔型。我们要实现共同富裕，就是要构建一个经济学上所推崇的橄榄型的收入分配结构，也就是提高低收入者的收入水平，让他们进入到中等收入群体，能让绝大多数人享受社会发展的成果。

陈超：

谢谢杜老师，感谢您的精彩演讲。您刚刚跟我们说了什么是共同富裕，以及咱们为什么要实现共同富裕。其实现在目标非常明确了，我觉得接下来，咱们就和大家共同来探讨一下，为了实现这一目标，咱们究竟应该怎么做呢？

杜莉：

习近平总书记是这么说的，坚持以人民为中心的发展思想，在高质量发展中促进共同富裕。所以，在高质量发展中扎实地推进共同富裕，这是一个基本的逻辑。共同富裕是由共同和富裕两个关键词组成的。这就好像做蛋糕，咱们先把蛋糕做大，再把它分好。怎么把蛋糕做大呢？一定要靠高质量发展，做大做强富民产业，引导人民群众通过辛勤劳动，通过创新、创业、创造，去实现增收、致富。

陈超：

刚刚杜老师跟我们介绍了实现共同富裕的方式方法。那接下来，我想请来自华中农业大学的孔老师，能不能给我们举一个生动的小例子，来告诉我们如何在高质量发展中扎实推进共同富裕呢？

孔浩：

好的，我今天带来了一个脐橙。这个脐橙是来自我们中国的脐橙之乡，湖北省的秭归县。而这颗脐橙，它是秭归县一年所生产的3亿颗鲜橙中的一个。

短片画外音

秭归，屈原故里，历史悠悠。位于湖北西部，长江西陵峡畔，境内丘陵起伏、河谷纵横，全年光照充足、雨量充沛。

屈原《九章》曾作《橘颂》，道出秭归2000多年的柑橘种植历史。斗转星移，沧桑变化，秭归曾因山河阻隔、交通闭塞、经济基础差，被列为国家级贫困县，秭归柑橘也并不为人所知。在经历了三峡移民搬迁工程后，秭归人因地制宜，在党和政府的政策资金支持下，秭归农业找准发展路径，实现了从小而全的粗放农业，到以脐橙为主的特色农业发展转变。如今的秭归，以“中国脐橙之乡”的美誉驰名中外。

孔浩：

今天秭归县把一颗小脐橙做成了富民大产业。在这个过程中，高质量发展的思路就贯穿始终。接下来，我们共同有请来自华中农业大学的现代柑橘产业体系的岗位科学家刘永忠教授，跟我们共同分享脐橙高质量发展背后的科技力量。

陈超：

您好，刘教授。我知道您是咱们产业方面的专家，能不能向您请教一下，为什么秭归当时选择了脐橙作为致富增收的主导产业呢？

刘永忠：

其实最开始秭归的种植，不是以脐橙为产业的。大家也知道，山下面的土壤是肥沃的，山上的土壤是瘠薄的。当时选的产业，有养殖业和种植业。其中养殖业是奶牛，而当时选择的种植业只说是柑橘，由于秭归是属于宜昌的，宜昌最有名的是温州蜜橘，所以当时柑橘的品种有温州蜜橘、椪柑，当然也有橙子。大家知道，像现在10月到11月，或者12月之间的果实不赚钱。后来慢慢地根据市场需求做出选择，秭归确定种植脐橙这一品种。

陈超：

所以这条路也是咱们慢慢地探索，一步一步走出来的。你看我们今天都一直在说高质量发展，那咱们的科研人员是如何以创新推动脐橙产业高质量发展的呢？

刘永忠：

第一个品种的改良，是纽荷尔脐橙。

这个脐橙是1998年从国外引进的，后面邓秀新院士团队又进行了品种的选育。他们又选择了早红脐橙，引进了伦晚脐橙，伦晚大家也知道，秭归其实最有名的就是晚熟脐橙伦晚。

第二个是对技术的改良。如果说大家在10年前去秭归，会发现山上特别陡，我当时去的时候就说，这么陡的坡一般人走不了的。当时当地的农技员就跟我讲，千万不要摔跤，如果摔跤的话，从山上直接就滚到山下了。后来通过计算标准化，包括梯田的改造、果园的改造，这些技术的应用让秭归脐橙的种植实现了标准化高质量。

三峡深处亿元村
有椪柑当然也有橙子

陈超：

但是您刚刚在跟我们讲解的时候，也提到了秭归的山很陡，所以说在我们秭归啊，衍生出了一个非常特别的职业，叫作背橙客。我们今天也非常荣幸地邀请到了一位背橙客来到现场。让我们掌声欢迎李辉大姐，有请！

欢迎李辉大姐，您好！您能不能跟大家介绍一下，您当背橙客多少年了？

李辉：

20年左右吧。因为我们在农村生活，我们秭归出产的都是橙子，那时候交通不方便，必须把橙子从山上背到山下收（橙子）的客商的车上去，这都是由自己来背的。

陈超：

但是我们总觉得这种体力活啊，是不是应该由家里的男士来承担呢？您怎么还亲自肩挑背扛的？

李辉：

那是因为2003年，我家建房子欠下了28000多元的债。老公不去打工不行了，因为生活所迫，老公出门了，家里的橙子没有人摘了，只有我一个人在家，没办法我就开始背橙子了。

陈超：

那您那个时候，背一趟橙子能挣多少钱呢？

李辉：

在当时那个年代背橙子，女同志一天只挣15元，男同志一天挣20元。男同志一回一筐最低可以背150多斤吧，我们女同志只能背120斤左右，所以女同志的工资就低一点。

陈超：

120多斤这已经是一个很重的分量了。你看我们今天现场坐着的都是年轻的朋友，有没有谁想来尝试一下当背橙客的感觉？还真有一位男生，来，有请！

陈超：

那接下来我们请大姐为我们介绍一下，这橙子怎么背啊？

李辉：

这个就是我们秭归人都叫它打杵子，这个就叫背篓。

陈超：

这个我认识，因为我老家也在宜昌，我小时候，我奶奶干活就把我背在背篓里面，没想到现在背篓还能装橙子，挺有意思的。

陈超：

好轻松啊大姐！您给我们介绍，这个是起什么作用呢？

李辉：

就是起一个助力的作用，在山上背橙子，背累了或者路途远了背不起来的，就用这个打杵子，蹲在上面，可以休息一下。

陈超：

你现在感受如何？

观众：

感受很沉重。

陈超：

真的特别（重），你看啊，就是小伙子背这个橙子，耳朵都急红了。那你刚才主要是觉得哪个地方最吃亏？就是最使不上劲。

观众：

腰，我觉得是腰部，腰使不了劲。

陈超：

我觉得让我们把掌声，先送给我们这位勇敢的观众，也送给我们的大姐好不好。

刘永忠：

这个一般的人背不了，而且还要上山下山的，那个路不好走，我们平常走，爬个山坡都累，何况背着这个东西呢。

李辉：

近几年，由于乡村振兴的规划，政府给我们农村老百姓补助力度加大了，让我们都安装了有轨道小火车。

这样节省了我们农民的劳力，也节约了时间。以前两万斤橙子，要20几个人背一天，现在小火车只要50块钱的油钱，再加上5个多小时，就可以全部运下山，这样节省了老百姓的时间和劳力。

陈超：

您看运输小火车的普及，可以说是让秭归的橙园实现了农业机械化。但是据我了解，咱们秭归农业的发展远远不止这些，咱们秭归在脐橙的种植管控上，也有很多让人眼前一亮的“黑科技”，是不是？

孔浩：

对的，秭归不仅实现了农业的生产机械化，而且还在朝着信息化、数字化的方向发展。比如现在我们在大屏幕上看到的，就是当地政府搭建的三峡柑橘产业的大数据平台。

这是实时在呈现的。那么在这个系统当中，我们可以实时看到当地所有的产业基地，如它的土壤信息、种植户信息、长势监测等，甚至你还能看到每一个产地，它所产出的脐橙的品种怎么样，甜度如何。

在信息时代，数据是重要的生产要素，那么这个全产业链的大数据平台，实现了数据的云共享，为我们的农业企业、种植大户、普通老百姓，都提供了普惠性质的强大的数据服务。

三峡柑橘产业大脑数据驾驶舱
21.46
312000
30880

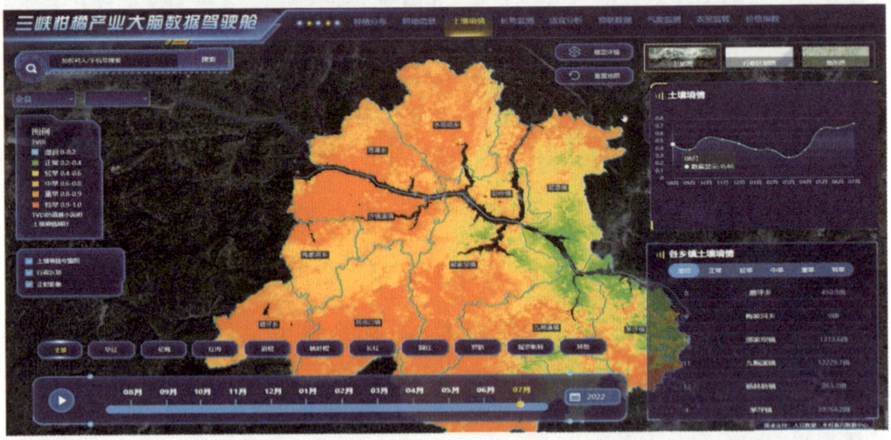
三峡柑橘产业大脑数据驾驶舱
2022

三峡柑橘产业大脑数据驾驶舱
22°C
小雨

陈超：

我刚刚看到这当中有很多板块，比如种植分布、耕地信息，还有物联数据等，我就特别关注那个价格指数板块。

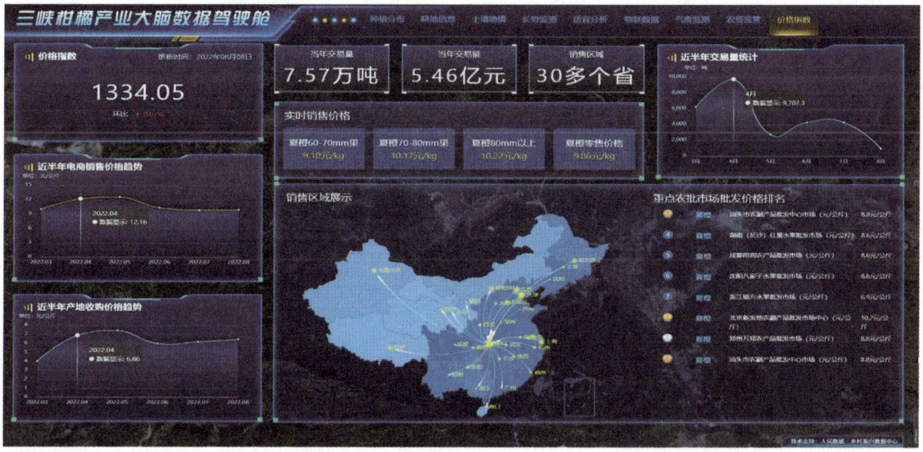

孔浩：

其实您关注的这个板块，也是老百姓、我们的橙农最关注的板块。以往，因为缺乏有效的市场对接，老百姓种的好果子，不能卖出好价钱。如今，我们只要打开手机，就能看到由政府和市场部门统一收集发布的价格信息，包括产地收购价、电商的销售价、市场的批发价，一目了然。

陈超：

这好专业啊！你看咱们三峡柑橘产业都有自己的价格指数了。

杜莉：

有排行榜，我觉得这也太棒了！科技赋能农业，让农业发展越来越科技化、智慧化了，农民也真正地享受到了高质量发展所带来的实惠了。

陈超：

你看以往咱们一说到农民，就会想到“面朝黄土背朝天”这句话。但是我相信有了科技加持之后，咱们老百姓也有时间、有精力、有心情来享受生活了，对不对？因为咱们的农田变得更聪明了。

孔浩：

是的，你刚才提到的就是我们现在所倡导的一种智慧农业的概念。如今我们走进秭归的橙园当中，会发现很多没见过的“黑科技”，每个橙农手机里都有一个小程序。

通过这个小程序，我们可以实时监测到自家农田当中土壤的信息、气候的信息，比如橙园今天的空气湿度低了，我们只要轻点按钮，就可以立即实现对于橙园的定时定量灌溉。

像这种智能的水肥一体化的系统，在今天的秭归得到了广泛应用，只要有一个人加一部手机，就能种好一片橙林。

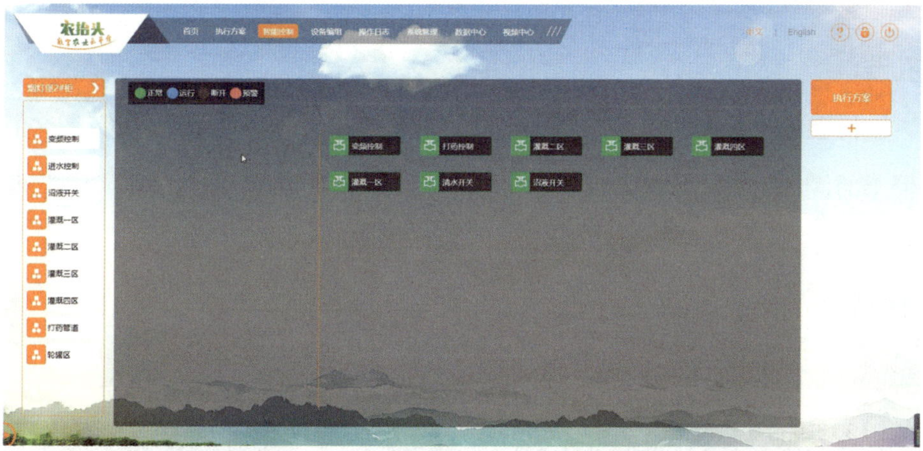

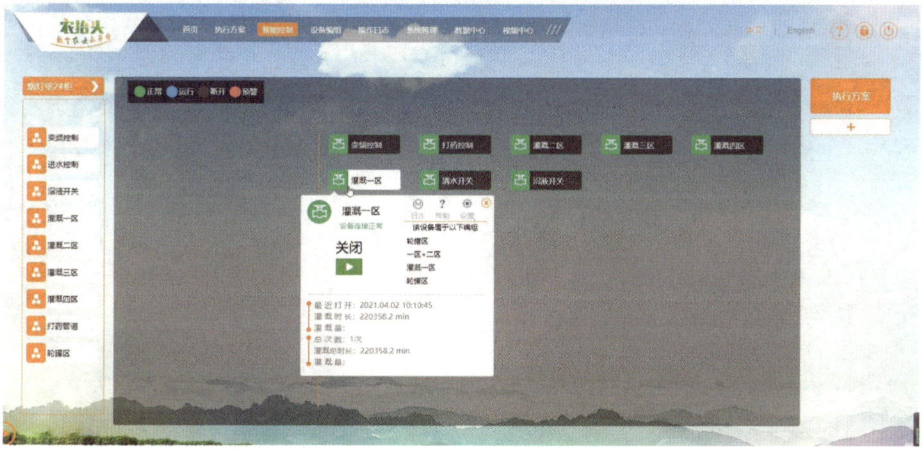

陈超:

刚刚李大姐来到咱们现场，也完全不影响她照顾家里的橙子。你看科技赋能就是让咱们的种植方、生产方，体验到了高质量发展所带来的福利，那作为消费者的我们，能够享受到什么呢?

杜莉:

我刚才一直在看这个橙子，我发现这个橙子和市场上买到的橙子还不一样，你有没有发现它有一个二维码?

孔浩:

杜老师一下就发现了我们秭归橙的奥秘所在了。这个二维码其实是这个橙子的溯源码，只要我们打开手机扫一扫，那么这个橙子的“前世今生”就一目了然了。

杜莉:

我来扫一下。

你看，这个橙子的采摘（记录时间）是在2022年9月1日。你看，这是采摘地点、采摘日期，而且还有进场的信息、包装的信息，这个太神奇了啊!

孔浩:

我们只要扫一下这个二维码，从田间地头农业生产的最初一千米，再到这个橙子来到我们消费者的手上，它的全程的信息都可以看得到。特别是它的检验检疫信息、物流信息，全程都是公开透明的。像这种技术的广泛应用，今天也有效促进了我们农业产业化的发展。以前，我们的橙子论斤卖，都不一定能卖出个好价钱，但是如今，我们通过科学种植、精细化包装销售，论个卖反而卖出了一个好价钱。

陈超：

我去过秭归，在秭归咱不仅可以吃到这个新鲜的橙子，它还有很多各种各样的深加工的产品。

刘永忠：

橙子有整个系列的产品。果肉做醋，果皮变成陈皮，切碎的橙皮放到酱里面，就有种橙子的清香。

孔浩：

你刚才提到的这个特别重要。今天，我们不仅是卖鲜果，我们还在进行柑橘产业链的延长，通过产品的粗加工、深加工，有大量的柑橘产品进入了市场。产业链的延长，不仅让老百姓可以在本地获得更多的就业机会，而且也督促老百姓，必须更好地改进农业种植的技术。怎么样种植得更加生态化、规范化、高品质化，也成为今天秭归每一个橙农都在思考的问题。

陈超：

您刚刚说到了良性循环特别关键，那我知道刘教授，您是见证了秭归县十年来高质量发展，推进农民共同富裕的历程。您能不能来跟我们讲一讲，十年来您所看到的，咱们秭归的父老乡亲们的生活究竟有哪些切实的变化呢？

刘永忠：

我不知道大家有没有印象，过去我们开着车子，沿着江汉平原，从汉宜高速公路一直开，开到秭归去。过去从外往里开，你会发现房子越来越差。外面可能是楼房，但到里面可能就是茅（草）房。现在如果大家有机会再去

旅游，你们会发现，秭归的房子是越来越好，基本都是三四层的楼房，打开门一看，里面都是实木地板，电视、电话都有的，还有汽车。果农家里一年的纯收入，不低于10万块钱。

高山流水
明月清風

陈超：

说起现在果农们生活的转变，您是满眼的欣慰。其实我们也感受到了您内心的这一份获得感和成就感，而且我相信咱们秭归的父老乡亲，也一定不会忘记，是谁带着他们一起致富的，对不对？

刘永忠：

应该说是我们国家，我们的政策搞得好。在产业里面有句很经典的话，就是一个地方的产业要做好，离不开我们的政治家，离不开我们的企业家，当然还离不开我们的专家。所以我们就说三家合一，才能够把产业做好。大家也想一想，若是没有精准扶贫，我们很多的经费就投不下去。没有政府部门的大力支持，我们是做不了的，没有企业家的落地，我们专家也不可能自己去干，也干不了。

比如说秭归，今天的秭归确确实实在柑橘产业方面，应该说是全国比较出众的一个地方。这里还可以跟大家讲个小故事，大概是十五年以前，我们邀请了美国的Gmitter（教授）到秭归来参观，他到了秭归以后，就非常不敢置信。他说这么陡的地方都能种柑橘啊，在美国是不可能栽种的。在座的同志们，如果去过秭归就知道，那个山太陡了，我们平常走路都不行的，何况种柑橘呢，但是我们却把它种下来了，而且收益还不错，对不对？还能够让自己过着很富足的生活。所以这一点应该感谢国家的政策，还有我们的企业，当然还有专家们。所以说这三家的结合，才真正使秭归的柑橘产业做大做强，也真正能够让我们大家的生活很富足。

孔浩：

习近平总书记也曾经讲过，说农业农村工作，说一千、道一万，增加农民收入是关键。所以习近平总书记这句话就道出了以人民为中心的发展理念。现在我们一起来看一个反映秭归脐橙产业规模的短片。

短片画外音

2021年，秭归全县柑橘总面积40万亩，产量80万吨，综合产值超过100亿元，对全县GDP贡献率超过40%。全县90%的乡镇，80%以上的行政村，70%以上的人口从事脐橙相关产业。种植户平均的家庭年收入在10万元以上，全县鲜果销售过亿元的村有4个。

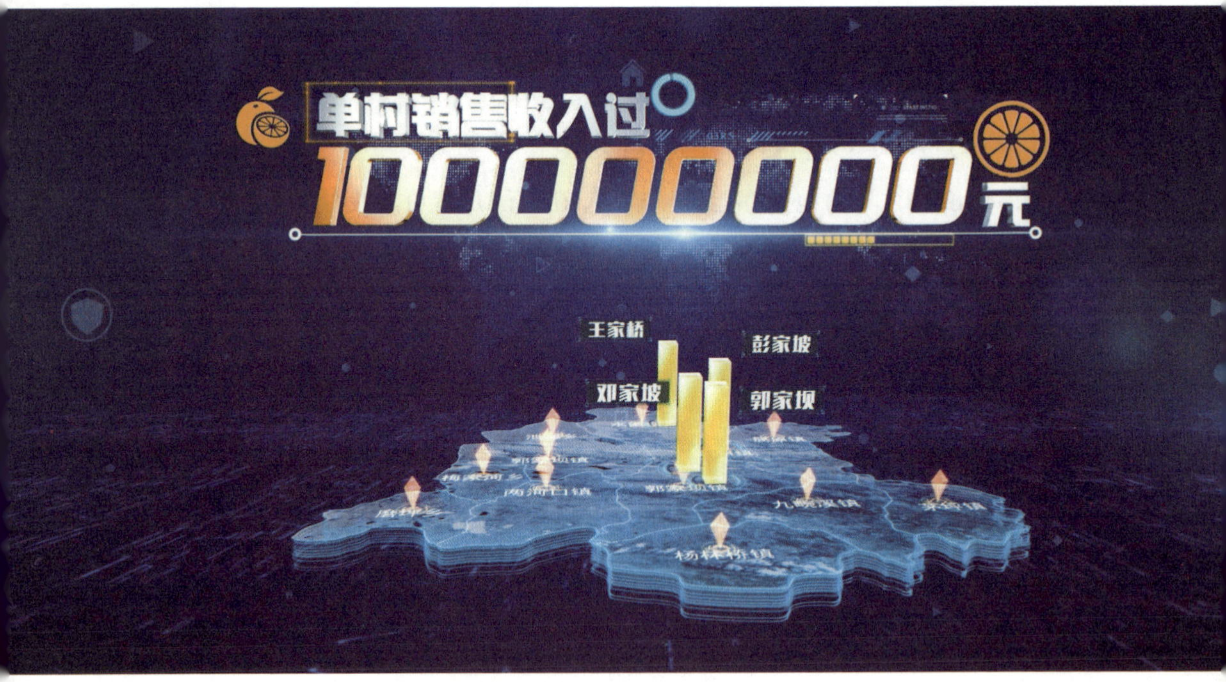

孔浩：

刚才我们所看到的，秭归以脐橙产业的高质量发展促进农民共同富裕，绝非我们湖北的个案。那么怎么样能把每一个产业都做大做强呢？这些年来，湖北省正在创新一种农业产业链的链长制，这个链长不单单指一个人，每一个产业链，它的背后都有一名省领导主抓，有一个院士专家团队负责科研攻关，有一个工作专班来负责整体统筹推进。在今天湖北农业的发展中，处处都体现着以高质量发展来促进共同富裕的思路。

陈超：

刚才听刘教授，包括我们现场两位老师在交流的过程中，我一直在默默地感慨。你看，从咱们秭归走出来的世界文化名人屈原，曾经就写下过千古名篇《橘颂》，“后皇嘉树，橘徕服兮”。我相信他可能也未曾想到，橘子，如今成了老百姓的摇钱树，而且带着他最关切的人民，奔向了美好的生活。我相信，如果他能够感知到这一切的话，一定也是倍感欣慰。所以我们也再次感谢刘教授的到来，感谢您的分享，也感谢您刚刚提到的这三家的共同努力，再次向您致敬，谢谢！

陈超：

刚刚杜老师跟我们介绍了，共同富裕就是要把蛋糕做大，但是，现在一说到共同，有朋友可能会觉得有一点点慌张，就觉得，是不是要把大家挣到的钱都放到一起，然后来平均分配，是这样理解吗？

杜莉：

确实现在有一些对共同富裕的误读。比如说，共同富裕是不是就是劫富济贫？是不是就是收企业家的税？甚至说，是不是就是要逼富人捐赠？其实并非如此。习近平总书记经常说，幸福生活都是奋斗出来的。所以最重要的，还是要鼓励劳动者通过辛勤的劳动、合法的经营，创新、创业，创造出更多的财富，迈向幸福美好的生活。当然在这个过程中，我们就要构建出初次分配、再分配、三次分配，协调配套的基础性的制度安排。比如在初次分配方面，"十四五"规划就明确地提出，提高劳动报酬在初次分配中的比重，要完善工资制度。

陈超：

这个听起来好像挺有意思的，因为觉得跟我们切身利益相关，那我们应该怎么来理解您刚刚所说的提高劳动报酬在初次分配当中的比重呢？

杜莉：

我不知道今天可不可以请我们的观众朋友们和我做一点小小的互动。请问，哪一位观众家里有矿？请举手（无人举手）。家里有资本的来，富二代举个手给我看一下，也没有。最后一次机会，有劳动力的请举手。

陈超：

终于有一个举手的机会了。

孔浩：

实际上这个制度，还是倾向于我们普通老百姓的。

杜莉：

所以收入分配应向大部分拥有劳动力的普通劳动者去倾斜。因为我们所谓的富人，他们一般是有土地有资本的，而我们所谓的低收入者，往往是那些只能靠劳动赚钱，凭劳动致富的人。

所以就要让这部分人的收入的比重提升，只有他们收入增长的速度快于富人，我们的贫富差距才可能缩小。但是光这样还不够，“十四五”规划还明确地提出，要完善再分配机制，加大税收、社保、转移支付等调节力度和精准性，合理调节过高收入、取缔非法收入，发挥第三次分配作用，发展慈善事业，改善收入和财富分配格局。比如，湖北很多的城市为了促进残疾人就业，建立了帮助残疾人创业的电商平台。湖北十堰市的共富桥项目，咸宁市的临掌柜助残就业平台，宜昌市残疾人电商直播挑战赛，等等。

这些制度性的安排就是要给更多的人创造致富的机会，让人们通过奋斗来改变命运，打开通道，力争让所有的人都来品尝一下“蛋糕做大”的美味。

共同富裕，是习近平经济思想的重要内容之一，有四个原则：鼓励勤劳创新致富；坚持基本经济制度；尽力而为、量力而行；坚持循序渐进。勤劳致富是前提，基本经济制度是根本，尽力而为、量力而行、循序渐进是方法。通过今天的讲述，我们也不难发现，其思想根系仍然深深地植根于我们

临掌柜助残就业平台

湖北省咸宁市

残疾人电商直播挑战赛

湖北省宜昌市

五千年的中华文化沃土，其中包含着中国人天下均平的朴素思想，大同社会的理想追求，以民为本的政治理念，天道酬勤的创业精神和为富当仁的道德取向。

陈超：

谢谢杜老师的分享！我们今天所取得的一切的成果，都是文化的积淀，而且我们有了文化的积淀之后，我们瞄准了一个统一的方向，可以创造一个更加美好的未来。今天真的很感谢两位老师在现场参与我们的交流，也感谢我们每一位朋友的关注和参与，我们今天的节目到这里就结束了。也欢迎大家继续关注《改变中国的真理力量——〈习近平谈治国理政〉第四卷学习辅导公开课》，我们下期节目再见！

扫一扫观看更多精彩

第7篇

与游客共舞的麋鹿群

——绿水青山的承诺

嘉宾介绍

蔡杰，理学博士，武汉大学化学与分子科学学院教授，中南医院兼职教授，博士生导师，国家自然科学基金优秀青年科学基金获得者和国家级人才项目青年项目入选者，中国化学会高级会员。主要研究领域为纤维素、甲壳素/壳聚糖等高结晶天然聚多糖“绿色”新溶剂和新材料。主持和承担国家自然科学基金委员会青年科学基金、面上项目、优秀青年科学基金、重点项目、国际（地区）合作与交流项目，科技部“973”“863”项目，以及深圳市、湖北省和武汉市科技项目等。现任中国化学会奖励推荐委员会委员、中国化学会纤维素专业委员会副主任、中国生物材料学会海洋生物材料分会副主任、中国化学会高分子学科委员会委员、中国化学会应用化学学科委员会委员和湖北省天然高分子基生物医用材料工程技术研究中心主任。

引子

曾经一度在我国土地上消失的“四不像”麋鹿是如何返乡重生的？十年长江禁渔，世代捕鱼的渔民们何去何从？三峡移民村许家冲村，是如何实现生态保护与经济发展协调共进的？废弃的小龙虾壳又是如何华丽转身，成为环保材料“香饽饽”的？来自武汉大学马克思主义学院的陈慧女副教授、武汉大学化学与分子科学学院的蔡杰教授为您一一揭晓。

本集内容

陈超：

打开一张世界地图，北纬30度就像是一条流淌在地球上的生命之河，孕育了地球生命的律动。良好的生态环境，是人类文明形成和发展的基础和条件。四大古文明无一不发源于水量丰沛、森林茂密、田野肥沃、生态良好的地区。我想可以这样讲，一部人类文明的发展史，就是一部人与自然的关系史。自然生态的变迁，决定着人类文明的兴衰更替，生态兴则文明兴，生态衰则文明衰。

在《习近平谈治国理政》第四卷中，以“坚持人与自然和谐共生”为主题，明确指出：“生态文明建设是关系中华民族永续发展的千年大计，必须站在人与自然和谐共生的高度谋划经济社会发展。”“党的十八大以来，我们加强党对生态文明建设的全面领导，把生态文明建设摆在全局工作的突出位置，作出了一系列重大战略部署。”

生态文明是人类文明的发展趋势，是平衡人与自然的关系，以自然之道养万物之生。

陈超：

麋鹿，自古以来就生活在长江中下游的广大地区。由于猎杀、战乱等历史原因，1900年前后，麋鹿一度在我国灭绝，仅有少量流落海外。1985年，中英两国签订协议，22头麋鹿由英国乌邦寺运送至北京南海子，至此麋鹿又回归祖国。1991年，湖北省人民政府批准设立（湖北荆州）石首天鹅洲湿地麋鹿自然保护区。

1993年至1994年，湖北分两次从北京引进64头麋鹿到天鹅洲保护区，麋鹿开始重回原生地，恢复对野生种群的探索。党的十八大以来，保护区认真贯彻落实习近平生态文明思想和习近平总书记视察湖北的重要指示精神。保护区将麋鹿作为长江大保护的“旗舰”物种，围绕“恢复麋鹿野生种群”这一核心任务，精心保护麋鹿及其栖息的淡水沼泽生态系统，加强日常监测管理和科学研究，并通过共建共管科普教育，增强周边群众及全社会的保护意识。目前，麋鹿也从当初引入的64头，发展到2500多头。其中，保护区内1500余头，周边三合垸、兔儿洲和洞庭湖等地自然扩散1000余头，形成了世界上最大的野生麋鹿种群，被联合国教科文组织称为“全球濒危物种保护领域中的成功范例”。

陈超：

今天我们要向湖北荆州石首麋鹿保护区工程师杨涛和张玉铭两位老师了解更多关于麋鹿的信息。

一说起麋鹿其实咱们老百姓喜欢叫它另一个名字："四不像"。而且我相信对于年轻的朋友来说，可能对麋鹿有一个很直观的了解是从一部国产动画电影《姜子牙》当中看到的。因为在《封神榜》中，姜子牙的坐骑就是麋鹿。我知道两位老师，应该说是跟麋鹿打交道最多的人。那我也看到两位穿的应该是平时的工作服，对吧？我们看到的工作人员穿的工作服的颜色是跟自然的颜色很贴近的，就是为了让麋鹿不要发现咱们是不是？

张玉铭：

也不是，因为只要到了一个距离，它就不让你靠近了。

陈超：

您说的这个距离最近能达到多近？

张玉铭：

那这个得根据不同的个体，它会有不同的一个安全距离。有的可能胆子比较大，靠（近）个四五十米是没多大问题的。

陈超：

哦，四五十米。

张玉铭：

那胆子小了，说不定百把米它就跑了。

陈超：

那像两位在平时的工作当中，有没有遇到过什么困难？

张玉铭：

肯定会多多少少遇到一些困难的。比如说，要统计数量，这天气不太好吧，鹿群就跑到林子里，我们就不好统计了，数量估不准了。其他方面同样也会遇到类似的一些困难。

陈超：

您看我们知道，现在麋鹿生活在保护区里的也有，保护区外的也有，而且都是在野外。平时咱们的工作场所都是在户外吗？这样两位是怎么样平衡工作和家庭关系的呢？

杨涛：

因为我们这个工作性质有些特殊。像保护区都是在比较偏远的地方，相当于村中村。现在可能因为网购方便一些了。以前就是属于有钱都买不到东西的地方。在我们那里工作的人，可能对家庭这方面，确实多多少少都会有一些遗憾的。

陈超：

所以说陪伴麋鹿的时间多了，陪伴自己家里人的时间就会少一些。但是，其实我们从另外一个方面来想的话，可能麋鹿对于两位老师，包括你们的同事来说，也是像自己的孩子，像自己的亲人一样。我们也关注着它们的一举一动，那我也特别想知道，两位平时在工作的过程当中，最让你们有成就感，或者说最开心的时候是什么时候？

张玉铭:

我就讲一个小例子，一个麋鹿的小行为。刚才说安全距离，你到了安全距离以后，你往后退，麋鹿它会跟着你往后，它会朝着你走过来，往前进；然后你再往前走，它就退走又跑了。

陈超:

这是在跳探戈吗?

张玉铭:

是啊，我感觉它这个行为，给人的感觉像小精灵，挺可爱的。

陈超:

感觉它很聪明。

张玉铭:

对啊，好奇心大。

陈超:

而且我看张老师您在说起麋鹿这个小可爱的时候，自己都是两眼放光的，您称它们为“小精灵”。

张玉铭:

可能这些是工作当中的小乐趣。

陈超:

真的是很感谢两位老师在这里带给我们这么多的分享。我们的地球，我们的大自然，其实不仅仅是属于人类的，也是属于我们身边的这些野生动物的。我们要一起呵护好我们的地球家园，我们也再次向以两位老师为代表的保护麋鹿的工作者们致敬，你们辛苦了，谢谢两位。

那么今天，就让我们一起走进本期《改变中国的真理力量》，人与自然和谐共生，一同来深入了解习近平生态文明思想。那我们现在把讲台交给今天的主讲人，武汉大学马克思主义学院的陈慧女副教授。

陈慧女：

万物各得其和以生，各得其养以成。天鹅洲故道水草丰美，大群麋鹿逐水而居，在草地和沼泽间自由出没，彰显着生生不息的族群活力。这样千匹麋鹿的生存空间是哪里来的？其实自2020年起，石首市天鹅洲麋鹿自然保护区就开始进行缓冲区的土地流转移交工作。石首市先后将8000多亩土地，作为缓冲区移交给了湖北石首麋鹿国家级自然保护区。这都需要开展征地补偿工作。所以说，生态环境保护，有时候并不是完全没有冲突的。当生态保护工作和农民土地权益相冲突时怎么办？我们需要在群众利益和环保工作中寻求一种平衡，做好补偿。事实上，生态文明是在人与自然关系上的一次进步，文明得以保存和延续的根基在于：正确认识人与自然的关系，解决好人与自然的矛盾和冲突。人类文明要想继续向前推进，持续发展，实现人与自然和谐共生，就要在其中孕育新的社会生产力，将社会生产消费向更加适应人与自然共生机制的方向转变，进而实现人类从工业文明的历史辉煌，向生态文明可持续繁荣迈进。党的十八大以来，我们坚持“绿水青山就是金山银山”的理念，开展了一系列根本性、开创性、长远性的工作。我们的湖北人民，肯定能够切身感觉到长江经济带生态环境保护，发生了转折性变化。2021年，长江流域重点水域，十年禁渔全面启动。长江实现了人退鱼进的历史性巨变。我们要建设生态文明，就要处理好发展经济和生态环境的关系。十年禁渔大计，最难在哪里？最难在渔民。长江退捕渔民，他们不再捕鱼之后做什么呢？特别是五六十岁的渔民，存在着再就业的现实困难。世代沿江生活，时年58岁的王明武就是其中一员。

短片画外音

根据中央部署，从2021年1月1日零时起，长江流域重点水域开始实行十年禁渔。这意味着，20多万名渔民告别“江湖”，“转身”上岸。32.6千米的长江湖北武汉江夏段水面上，58岁的王明武“漂”了几十年。如今，他已开始新的生活——身着工作服，再次登船，昔日“捕鱼人”成为“护鱼员”。2021年7月1日以来，他每天在岸上徒步巡查，不定时随渔政执法人员一起巡江，一旦接到违规捕捞的举报，即使是在晚上，也会到江上去配合相关部门执法。

王明武对长江禁渔政策的感悟：长江的变化挺大的，第一个改变是江豚，以前我那个年代，一九九几年吧，那个时候长江的江豚多，不光是江豚还有白鳍豚。那江豚不是一头两头，是成群结队的。但到了2000

年，江豚就很少见了。2022年春季，我们看见了江豚，一般它在3月不会出水的，但是2022年3月我们就看见了。当时就是在我们金水河口看见的，而且看见的频率很高，且持续了有四五十分钟。第二个改变就是水质改变了，原来的水质没有这么好，毕竟在长江里生长，我肯定是对长江有感情的。我们吃完饭以后，不自觉地就走到江边来了，朝着江边望去。我个人认为，长江的鱼肯定是变多了，个头肯定是变大了，鱼的质量绝对变好了。我希望我们长江，回到我父亲那个年代，江豚追着船跑，江豚满江能撵着鱼吃，那就是我们想看到的，那就是我们所希望的。

陈慧女：

王明武现在成了一名护鱼员。从捕鱼人到护鱼员，王明武是长江沿岸20多万渔民的一个缩影。他让我们看到了，靠水吃水的长江人，如何践行共抓大保护，不搞大开发。那么生态优先，绿色发展，何以可能？这正有赖于我们每个人理念上的转变。如今，有许多村为了保护长江的生态环境做出了许多改变，那具体都有哪些改变呢？

朱崇军：

我来自湖北省宜昌市许家冲村。我们那个村就在长江的岸边，站在家里，就望得见长江，直线距离不到500米。我们主要是通过几首歌来记住该如何改变的。其中，《党员公约》，让我们所有的党员把作风纪律牢牢地记在心中。现在还搞了一个《村规民约》，用《三大纪律八项主义》的调唱出来，让我们的村民把这些文明卫生习惯、生态环保习惯唱出来。还有《共富合约》，我们那有几个厂、企业，让企业的员工共同地参与到乡村振兴中，用《学习雷锋好榜样》的曲调唱出来的。很多的理念、很多的政策宣传，特别是对于我们农村的一些老年人来说，他不能很快地适应，但是我们通过歌曲改编唱出来以后，我们的村民，包括很多小孩子，基本上都会唱我们的《村规民约》。因为我们在长江边上，我们有不可推辞的责任和义务来保护好我们的母亲河，保护好长江。我们村里有一条大沟，可以直接流到长江，我们就通过积分兑换的形式，好比说，一斤泡沫，就算一个积分。有了30斤泡沫，就可以兑换一块香皂。像那个农药瓶子、农药袋子，都可以积分兑换。你想一想，如果这些农药瓶子和袋子，刮风下雨的时候流到沟里，若是发山洪就流到长江里，然后长江的鱼儿正好喝了农药瓶子里的残留，就会中毒。所以我们为了保护我们的母亲河，保护我们的长江，就通过这个小小的举动让老百姓非常积极地参与，结合歌曲，把我们的环保理念更好地宣传下去。

陈慧女：

所以大家都会唱是吗？

朱崇军：

对！

歌曲《党员公约》

坝头库首第一村

三峡茶谷东大门

党章党规是根本

是根本

明示党员亮身份
哎嗨哟 哎嗨哟
村规民约我遵守
维护正义敢出手
勤劳致富靠双手
靠双手
发展产业我带头
哎嗨哟 哎嗨哟
移风易俗我先行
大操大办带头禁
全心全意为人民
为人民
优质服务暖民心
哎嗨哟 哎嗨哟

陈慧女：

当进入新时代之后，我们的生活水平提高了，我们要追求美好生活，这个美好生活就不仅仅是吃饱穿暖了，我还希望有良好的生态环境，这也是我们说的最普惠的民生福祉。我国建设社会主义现代化，具有许多重要特征，其中之一，就是我国现代化是人与自然和谐共生的现代化。今天，我也带来了一些物品，这些物品可以从侧面体现我们如何实现人与自然和谐共生的现代化。这些物品放在真理档案箱中，我们一起拿出来，给大家看一下。

陈超：

您今天带来的这个线索很丰富。

陈慧女：

很多东西，但是我拿出来，大家可能都知道这是什么，这个呢？

陈超：

洗洁精吗？

陈慧女：

对，是的。我们洗碗用的洗洁精。这是什么呢？

陈超：

医用无菌敷料。

陈慧女：

哦，这个用得比较少，对吧？是伤口用的敷料。这是什么？原来是一件T恤，对吧。

陈超：

哦，对。

陈慧女：

这个我们两人都熟，是吧？

陈超：

面膜纸。

陈慧女:

我们在座的女性朋友都熟，面膜。

陈超:

您刚刚说到，它们有一件生产的原料，是同一个原料?

陈慧女:

对。而且这个原料经常被我们当作废料扔掉，是我们吃的食物的一个废弃物。

陈慧女:

这是我们武汉人非常喜欢吃的一种食物，这种食物吃剩下的残渣，就是它们共同的原料，这个食物就是我们喜欢吃的小龙虾。吃小龙虾的时候，会扔掉非常多的部分，对吧?我刚才说的这些生活物件的原料就是从小龙虾壳中提取的，是不是很神奇?

陈超:

既然咱们说到了这里，大家会觉得是一件不可思议的事情。接下来我们就请武汉大学化学与分子科学学院的蔡杰教授来为我们解密。

陈超:

蔡教授您看，刚刚陈老师跟大家说到了看起来完全不相关的这些生活当中的物件，其实它们都是来源于小龙虾壳。但是我看到您还给我们带来了这么多看不明白的东西，能不能给我们来介绍一下？

蔡杰：

好的，现在大家看到的材料，其实它们共同的原料就是我们湖北人最喜欢吃的一种食物——小龙虾。

陈慧女：

其实我可以看到，咱们最醒目的这三个，是不是看上去就是小龙虾壳直接做成的东西，是最原始的原材料，是吗？

陈超：

我怎么看着像卫生纸，撕碎了的。

陈慧女：

有点像。您给我们介绍一下，哪个是小龙虾壳做的呢？

蔡杰：

像这些原料的话，其实就是从废弃的虾蟹壳里面提取出的甲壳素，还有壳聚糖。我们通过绿色的制备技术，把它制备成我们现在看到的薄膜，还有纤维，还有这种凝胶，各种不同的材料。

陈超：

您确定袋子里面装了东西吗？

蔡杰：

对，这个就是做出来这种透明的，像薄膜的材料。

陈超：

那这个薄膜跟我们平时看到的薄膜有什么不一样？

蔡杰：

我们从甲壳素制备的这个薄膜，实际上它是可以完全生物降解的。

陈超：

是可以生物降解的。所以说是最环保的一种材料，是个环保的薄膜，是不是？那这个呢，这您不来讲解，我们还真以为有人在糊弄我们。这是什么？这

个液体是什么？

蔡杰：

这个里面实际上是由我们做出来的透明的水凝胶材料。

陈超：

我可以碰吗？

蔡杰：

可以，水凝胶材料实际上是可以跟我们的皮肤，还有包括我们自己的人体组织直接接触的。

陈超：

所以它是可以医用的，对吧？

陈慧女：

我这边还有线呢，这是做什么用的线？这像是线吧，对吧？

蔡杰：

这个是我们用壳聚糖做的可以被人体吸收降解的手术缝合线。

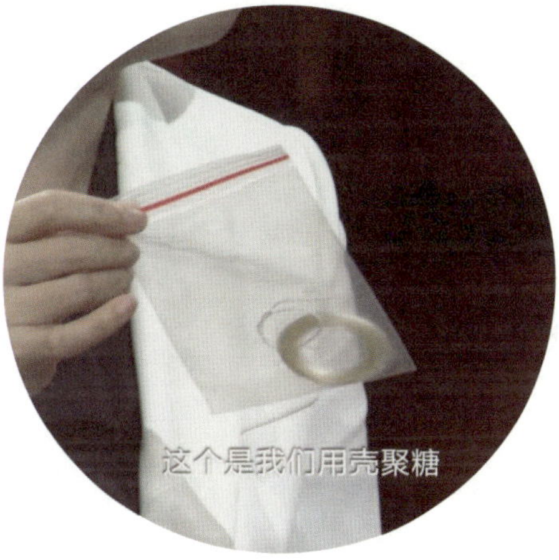

陈超:

您说到壳聚糖，我记得是不是有一种，当咱们伤口有创面的时候，撒上白色的粉末，这也是来源于甲壳素或者是壳聚糖吗?

蔡杰:

对，这个可能是壳聚糖的一种产品。

陈超:

我妈妈在家，有一次做菜的时候，不小心把手割伤了。很深的一道口子，在家里用了各种止血办法止不住，后来到楼下的药店，那个药师告诉我们，你买那种白色粉末，应该就是来自甲壳素或者壳聚糖，他说这个止血效果是最好的。回去撒在伤口上，毫不夸张地说，上面的血会跟着这个白色的粉末一起马上凝固了。

蔡杰:

对的，我们这里有一个止血材料。

陈超:

但是，你看真的……

蔡杰:

这个不是粉末状的。

陈超:

这个可能是止更大伤口上的血。

陈慧女:

直接放进去是不是?

蔡杰：

对，直接放进去。比如说战争的枪伤，这种非压迫性的止血，把它放进去之后，它就可以很快地进行止血，这个就是用壳聚糖做的止血材料。

陈超：

那它为什么止血效果会这么好？

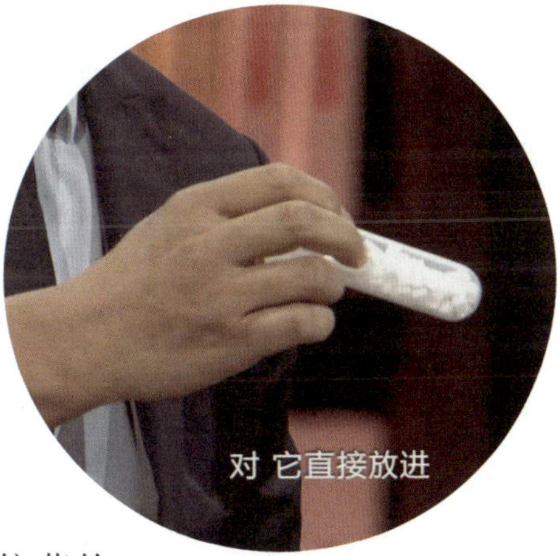

蔡杰：

因为壳聚糖本身带有氨基，所以它可以促进血液凝固，起到止血的效果。

陈慧女：

叫糖的话，它是不是就有那种抗菌的功能？

蔡杰：

对！我们有这样一种抗菌的材料，也是用甲壳素、壳聚糖，还有甲壳素季铵盐制成的。这个季铵盐，因为它带有正电荷，还有胍盐，它也带正电荷，所以就可以通过静电作用吸附在细菌的细胞外膜上，然后就可以把细菌的膜破坏掉。所以这样的话，就可以起到非常好的杀菌的效果。而且它还不像抗生素，会产生耐药性，壳聚糖的抗菌材料不会产生耐药性。

陈超：

所以你看，可能在我们老百姓看来啊，每件物品长得都差不多，对吧？但是通过科学家一一为我们解读，就会发现它其实用途特别广泛。您能不能再直观一点地给我们介绍一下，究竟什么是甲壳素？

蔡杰：

甲壳素实际上就是自然界里含量仅次于纤维素的一个可再生的生物资源。它主要在虾蟹的外壳，还有像鱿鱼体内的软骨，所以不仅是小龙虾壳，还有昆虫甲壳，甚至还有海里面的硅藻都有甲壳素。在海产品的加工业，每年实际上有600万~800万吨的废弃的虾蟹壳，在这个里面就含有30%~40%的甲壳素。但是大部分的虾蟹壳，只有少量的可以被做成壳聚糖来使用，绝大部分都是作为垃圾被处理掉了。

陈慧女：

对呀，我们吃小龙虾的时候，吃完一桌子都是垃圾。

蔡杰：

对，如果我们能够把这么大量的虾蟹壳变废为宝的话，不仅可以减轻环境污染的压力，而且还可以把它做成高附加值的产品。

陈慧女：

我觉得思路变了，一切就有可能了。原来觉得是废物，是垃圾，现在我们就可以把它做成很多产品。

陈超：

如果真的可以把这些，所有的可以利用的原材料利用好了之后，这个数字是难以想象的。而且您也说到了，这个材料是完全环保的、可以降解的材料，怎么有一种发现了新大陆的感觉。

陈慧女：

所以扔掉的那些也是“黄金”，每次吃完小龙虾应该打包带走。

陈超：

而且可能它的附加值会更高，是不是？

陈慧女：

对！我了解的潜江就有这样的产业链。潜江是小龙虾之乡，他们的小龙虾壳，不仅用做田地的肥料，还有一些水产的公司，或者高科技的公司，利用我们研发出来的甲壳素、壳聚糖，制成各种更好的产品。为什么我们这么重视小龙虾，小龙虾壳？这是因为湖北省是一个小龙虾养殖大省。根据《中国小龙虾产业发展报告》2022年版，2021年我国小龙虾产业的总产值为4221.95亿元。湖北、安徽、湖南、江苏、江西5个传统小龙虾养殖大省，湖北是占据绝对的主导地位的。而湖北的小龙虾产量超过100万吨。所以我们是名副其实的小龙虾养殖龙头省。当然，我们说用小龙虾提取甲壳素、壳聚糖用于生产，为什么今天才去发展这些技术，其实蔡教授肯定知道，这是有一定的技术难度的。

省、区、市	养殖产量(吨)	省、区、市	养殖产量(吨)
福建	2657	湖北	1073621
贵州	2247	安徽	495887
陕西	1865	湖南	378929
广东	1461	江苏	263652
新疆	922	江西	199028
黑龙江	269	四川	57660
上海	244	山东	53936
山西	224	河南	53666
海南	170	浙江	27596
河北	17	重庆	10725

续表

省、区、市	养殖产量(吨)	省、区、市	养殖产量(吨)
天津	6	广西	6099
—	—	云南	2714

蔡杰:

的确是这样的，甲壳素和壳聚糖虽然应用领域非常广，但是确实还有很多的科学和技术的难题需要解决。第一个，甲壳素和壳聚糖有很多的氢键作用，所以它其实很难溶解；第二个，一旦你把它溶解之后，怎么样做成一个强度比较高的，又有功能的材料，也是难度比较大的，关于这个问题我们也经过了近十年的研究。最终开发出了一个完全具有自主知识产权的绿色的新溶剂，我们可以溶解这个甲壳素和壳聚糖，通过调控它的一些多级结构，就可以把它做成具有高性能的甲壳素和壳聚糖。

陈慧女:

虽然没完全听懂，但我大概明白了。人与自然和谐共生是需要科学技术的进步的，它需要像蔡教授这样的科研工作者来做技术攻关，才能解决这个问题。也许以前我们也在想可不可以利用小龙虾的壳，但事实上，当这个技术水平达不到的时候，我们没有办法把这个应用到我们的日常生活之中。所以科技是第一生产力。

陈超:

这也是让我们真正体会到了，科技创新对于生态文明建设所具有的基础性、战略性的支撑作用。

陈慧女:

生态文明建设关键在于促进经济社会的绿色转型,但是这种转型是需要像蔡教授这样的科技工作者的。当然同时也需要我们每个人的理念上的转变。

陈超:

所以说,你看从小龙虾说起,咱们可以聊出这么多的话题,而且是科学技术最前沿的话题。以后咱们吃小龙虾的时候,真的是要把它吃干榨净,对不对?那我们还有云上学习团的朋友,也想参与我们的讨论,接下来我们就来邀请其中的一位。

云上学习团

问题1:

我想问一下蔡老师,请问您作为一个科学家,是如何走上甲壳素纤维的研发之路的?生态文明建设是否对您选择研究方向有所影响?谢谢!

蔡杰:

谢谢这位同学提的问题,非常好的一个问题。实际上我走上这条道路,有一个原因,是在我的导师——已故的张俐娜院士的指引下,来从事科学研究的。从事这样的科学研究,实际上张老师也教会了我们不仅要关注我们个人的研究兴趣,而且也要跟国家、民族、社会的需求结合起来。我们要争取去解决我们国家与国计民生有关的一些重大问题。另外一个原因就是，可以利用科技的手段，更好地推进绿色循环发展的途径，然后推动经济的高质量发展，这有利于实现现在提倡的碳达峰还有碳中和的目标。

陈超：

所以说意义是非常重大的！

陈慧女：

当然我还想说，生态环境保护是不是全靠自觉，全靠蔡教授这样有担当的科学家？事实上并不完全如此。我们经济学上讲外部性，也就是保护生态环境，其实是每个人都要付出成本的。所以说，对于保护生态环境的行为，我们要给予适当的奖励，对于破坏生态环境的行为，要进行严厉的惩罚。所以生态文明建设，需要有正确的理念和适当的方法，还必须依靠制度依靠法治来落地。2020年12月26日，十三届全国人大常委会第二十四次会议表决通过了《长江保护法》，当天国家主席习近平就签署了第六十五号主席令。

《长江保护法》于2021年3月1日起正式施行。我们今天提到的麋鹿自然保护区建设、长江禁渔，还有小龙虾产业的绿色发展，都在这部法律中有所体现。不仅如此，还有包括如何保障与监督确定法律责任等，在这部法律中也有明确的规定。所以“我国建设社会主义现代化具有许多重要特征，其中之一就是我国现代化是人与自然和谐共生的现代化，注重同步推进物质文明建设和生态文明建设”。

陈超：

谢谢，感谢陈教授的分享。

所以你看，咱们说生态文明建设，其实和每一个人都是息息相关的。说到国家，我们要把生态文明建设摆在突出的位置。说到科学家，以蔡教授为代表的千千万万名科学家通过多年来的坚守和初心的引领，把这些科学变成技术，而且真正地影响到我们生活的方方面面，落实到我们每一个人。其实我们每一个人都是可以用自己的行动来捍卫我们生存的环境。我们相信万物皆有灵，只要你我共同携起手，保护我们的大自然，我们的地球也一定会回馈给我们一个更加美好和谐的家园。

在中国共产党的领导下，我们共同推动实现人类社会这场广泛而深刻的变革。

扫一扫观看更多精彩

第8篇

越王勾践剑拉动产业链

——文化『双创』的交响

嘉宾介绍

王巍，考古学家，德国考古研究院通讯院士，中国社会科学院学部委员，中国社会科学院考古研究所研究员。主要研究方向为夏商周考古，东亚地区古代文明起源研究，东亚地区古代文化交流的考古学研究等。王巍主持的“河南偃师商城宫城内宫殿区的发掘”，被评为国家文物局田野考古二等奖，并入选1997年全国十大考古发现；主持的“陕西周原西周宫殿基址的发掘”，被评为国家文物局田野考古奖三等奖；作为总领队领导的“河南安阳殷墟孝民屯进行面积达四万多平方米的大型发掘”，被评为国家文物局田野考古二等奖。

尹旦萍，女，武汉大学哲学博士，中国社会科学院博士后，美国密歇根大学访问学者，现为华中科技大学马克思主义学院教授，中共湖北省委讲师团、武汉市委讲师团特聘教授，湖北省妇联常委，湖北省妇女研究会会长，中国妇女研究会理事，教育部社科基金项目评审、鉴定专家。长期从事马克思主义中国化、党的妇女工作、中华优秀传统文化研究。近年来，主持国家社科重点及一般项目3项，省部级重点及一般项目10余项，出版著作2部，发表论文70余篇，多篇被人大复印资料转载，获省部级奖5项。曾获三育人标兵、优秀女教职工等荣誉称号。

引子

如何通过找到传统文化和现代生活的连接点，让更多的人感受到中华文明的无穷魅力，让中华优秀传统文化在新时代绽放新光彩？本期节目里，中国社会科学院王巍教授、华中科技大学马克思主义学院的尹旦萍教授，带领观众一起聆听文化“双创”交响的湖北乐章！

本集内容

陈超：

2022年的“5·18国际博物馆日”湖北卫视策划并出品了名为《文明的路标》的短视频，展现了70件精美绝伦的博物馆文物珍宝，而这些文物的背后浓缩了一百万年的人类简史。视频一经推出，就在社交媒体上被频频转发，成为爆款。

陈超：

通过这一文化爆款现象，我相信也更加说明在如今这个时代，人们对于精神文化的需求越来越旺盛，因此也催生出了更多优秀的文化产品。那么今天就让我们一起来聊一聊推动中国文化繁荣发展这个话题。

王巍个人演讲

2022年5月28日令我终生难忘，这一天我在中南海向中共中央政治局第39次集体学习中介绍了中华文明探源工程的成果，亲耳聆听了习近平总书记的重要指示。习近平总书记在中共中央政治局第39次集体学习时指出，中华文明源远流长、博大精深，是中华民族独特的精神标识，是当代中国文化的根基，是维系全世界华人的精神纽带，也是中国文化创新的宝藏。经过几代学者接续努力，中华文明探源工程等重大工程的研究成果，证实了我国百万年的人类史、一万年的文化史、五千多年的文明史。我们做的中华文明探源工程是从国家“十五”到“十四五”的重大科研项目，经过20年的努力，工程取得了显著的成果。我们冲破了长期在国际上持垄断地位的一种观点，就是判断进入文明社会的所谓的三要素，这三要素就是冶金术的使用、文字的出现和城市的出现。按照这个三要素，中国文明只能从商代晚期的殷墟开始算起，就距今三千三百年，但是通过中国的实际材料，包括世界其他文明的材料，我们发现这个三要素是从埃及文明和两河流域文明概括出来的，不具有普遍性。比如大家都知道中美洲的玛雅文明很发达，天文啊、历法啊，2015年我带队去发掘它的首都，我们发现它虽然很发达，但是并没有冶金术。然后在南美洲有一个印加文明，它并没有文字，但是国际上也承认它进入文明，这就表明那所谓的三要素并不是不可或缺的。我们就从中国的实际材料出发，提出了我们判断进入文明社会的中国方案，把它归纳起来我们也简化成三点。第一是生产发展，人口增加，出现城市。第二是社会分工。社会分化不断加剧，出现阶级。第三是权力不断强化，出现王权和国家，以国家的出现作为进入文明社会的标准。按照这样一个标准，我们提出从距今五千一百年前开始，黄河的中下游、长江中下游等一些文化和社会发展比较快的区域，已经相继进入到早期国家，进入到文明的社会。那么根据我们的研究，中华五千年文明不是神话传说，而是真实的历史。我觉得探源工程最大的成果，就是通过我们实际的考古发掘和综合研究，证实了中华五千年文明。

那么中华文明到底有什么特点呢？这样一个延续了五千多年的文明，我们归纳了几个主要的特点，第一是土生土长、自成体系。我们的中华文明是在自身的基础上产生发展起来的，虽然也有外来的一些因素的吸收，但是总体上是以自身的传统为基础发展。第二是开放包容、兼收并蓄。我们从西亚接受了很多先进的因素，还有就是百川归海、多元一体。各地都有自己的文明、起源和形成的过程，但是它不是老死不相往来，而是始终保持着密切的联系，形成了一些共同的特点，到夏商周时期，形成了以中原王朝为中心的格局。第三是五千多年延绵至今，比如说对龙的崇拜，中华儿女是“龙的传人”，还比如说天人合一的思想等，有很多方面延续至今。我们希望这些探源工作的成果，通过今天这样的形式，通过各种各样的宣传形式，让我们的国人尤其是青少年了解。用习近平总书记的话说，增强对中华文明的认识和认同，增强做中国人的志气、骨气和底气。谢谢大家！

陈超：

谢谢，感谢王教授的精彩分享。正是像您这样的考古工作者，把我们的文明、文化和人类史，一点一点更加清晰地呈现在我们的面前，让我们再次把掌声送给以王教授为代表的考古工作者。你们辛苦了，谢谢！

王教授您看，刚刚您在演讲当中也跟我们说到了，咱们中华文明五千年历史，还有一万年的中华文化史、百万年的人类简史。你看我们不断地在向前发展的时候，为什么还要不停地回头看呢？

王巍：

习近平总书记那句话真是名言，没有五千年的文明哪有中国特色社会主义道路？哲学的基本问题，我是谁、从哪里来、到哪里去。我们中华文明是世界几大文明当中唯一延续至今没有中断的文明，所以现在每一个中国人当然都希望知道，我们的文明是怎么一步一步地走过来的，具体经历了怎样的过程。所以我觉得每一个考古成果、每一个研究的成果，都让我们的国人能够了解我们祖先当年的生活，当年取得的辉煌，还有当年对人类的贡献。所以回首过往确实能增强我们做中国人的志气、骨气和底气！文化自信是有深厚的根基的。

陈超：

两位老师能不能跟我们来举个实例，就是我们的优秀传统文化是如何投射到我们今天的生活当中的？

尹旦萍：

习近平总书记提出，要推动中华优秀传统文化创造性转化，创新性发展。那有的人就提出疑问了，这本身就是优秀文化了，怎么还要去转化它？

还要去发展它呢？因为中华优秀传统文化是产生于古代社会这样一个土壤的，有一些内容、有一些表现方式在今天已经不是很合适了。这就需要我们立足新时代、立足新实践，赋予这个优秀传统文化新的内涵、新的表现方式。也就是把古人的这种智慧变成我们今天的财富，要为我们今天的中国特色社会主义服务。

王巍：

对，习近平总书记提出，要让收藏在博物馆里的文物、陈列在广阔大地的遗产、书写在古籍里的文字都活起来。我说我们就像翻译，要把这些文物背后的故事、背后的历史文化信息传递给民众，否则的话看不懂！

尹旦萍：

我们平时作为普通老百姓的话，我们去了解考古，都是从看小说了解到墓地是有机关的。

王巍：

实际上我们在考古当中，还真没有墓地机关什么的，但是它也有防止盗墓的措施。比如说墓葬周围用流沙，这流沙你要挖一个洞，沙子马上就流过来，对吧！也有一些防止掘墓的措施，但是像按键这些东西，都是虚构的。

陈超：

就是通过这一次次考古发掘，我相信也是让我们对古人、对我们的祖先充满了敬畏。

尹旦萍：

我们湖北省博物馆也是做了很多探索，比如说湖北省博物馆里面有一个梁庄王展厅。梁庄王的墓是一个明代亲王的合葬墓，梁庄王和他的爱妃——魏妃非常恩爱。用今天的话说他是一个“宠妻狂魔”，把最好的、最宝贵的东西都给她。在梁庄王墓里面总共发掘出了5300多件文物，其中3400件都是魏妃的珠宝首饰，每一件都光彩夺目，每一件都是熠熠生辉！遗憾的是梁庄王和魏妃在一起只生活了7年的时间，梁庄王就去世了，英年早逝。梁庄王去世之后魏妃非常悲痛，因为长期的悲痛，再加上相思成疾，所以十年之后魏妃也是一病不起，随后就去世了。去世之前，她最大的一个遗愿就是死之后能够和她的丈夫合葬到一起，当时皇帝知道了魏妃的这一片深情之后，也是被她的深情所打动，所以就破例把梁庄王的单人墓改成了合葬墓。我觉得这里的文物和每一件首饰，都是在那里静静地诉说着他们的这段旷世的爱情，也告诉今天的人们，无论岁月如何流逝，我们都要相信爱、要学会爱，还要珍惜爱。年轻人对于爱情故事就特别感兴趣，所以在2022年七夕的时候，我们就做了一个短视频，讲的就是这个爱情故事，而且还配了一个音乐，就是《穿越千年的眼泪》！

梁莊王珍藏
郑和时代的瑰宝
Fit for a Prince:
Treasures of Prince Zhuang of Liang
with Prizes from Zheng He's Expeditions

陈超：

你看文物本身不会说话，但是我们现场的两位老师可以说是在帮文物发声。

【歌唱】王巍

细细的绳索穿起厚重的竹简

那是岁月留下记忆的碎片

拼起沉船里青瓷的光晕

映照着大漠深处古道的荒野

借你一盏相思杯酒

相送江岸

独对一怀愁绪

山外青山

昨日风声渐远今夜雨声缠绵

谁知这拱手一别竟是千年

尹旦萍:

要把文物背后的故事讲好，真的是不容易！王老师，我们（湖北省）博物馆还有一个宝物，就是一枚金锭。这个金锭它不是一块普通的黄金，它那个上面有一段铭文，就是这个图片上面：永乐多少日，然后西洋等处买到，八成色金一锭。就是这样的一个宝物，这个故事怎么讲？

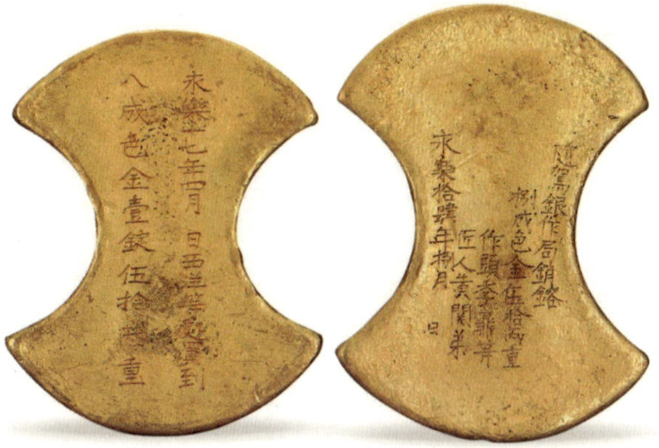

王巍:

这个还真挺有意思！我们在给政治局讲课的时候，习近平总书记还讲这个呢。讲到郑和下西洋，郑和下西洋是带着好多中国的物产去跟当地进行交流，然后扩大中国的影响。之后还讲到比如说某一个小国，通过郑和下西洋就了解中国了，之后每年都来朝贡。我们考古时就在非洲的东海岸发现了中国的瓷器，因为那是一个码头，很有可能是郑和下西洋到达的一个地点，当时在那里进行交换、贸易。

尹旦萍：

所以就是这个文物背后的故事，把古代的中国和我们今天的中国贯通起来了。

王巍：

因为我们刚才讲的，中华五千年文明当中有很多是我们的发明创造。丝绸、陶瓷，同时也有很多的物种，包括黄牛、绵羊、小麦，还有冶金术，然后吸收了之后变成我们中国的特色。比如说青铜器，中原那时候制造陶器已经可以控制到上千度的温度，然后就发明了铸造青铜容器的这种技术，才有了夏商周时期像后母戊鼎，以及曾侯乙墓的那些特别精美的铜器。在世界上，我们的青铜文明绝对是首屈一指的。我觉得习近平总书记讲文明的交流互鉴是促进人类文明发展的动力，绝对是一个真理。

陈超：

是，就像我们经常说到的，咱们是要各美其美、美人之美、美美与共、天下大同！

尹旦萍：

确实是，湖北省博物馆在讲这枚金锭的故事的时候，就组织了一班少儿的讲解员。他们穿着明代的服饰，表演郑和的船队在西洋各国做生意的场景，来展现中华泱泱大国，那个时候就开始和西洋各国做生意进行贸易往来的这样一个历史！

珍藏
Fit for a Prince:

宝物历险记

陈超：

你看除了我们要讲好文物的故事之外，还有哪些方式可以帮助文物活起来呢？

王巍：

比如说现在各种数字化技术，AR（增强现实）和VR（虚拟现实），还有元宇宙。元宇宙完全可以做一个虚拟的空间，比如我们在做三星堆的直播的时候，就尝试着做了个元宇宙，做了一个神庙，然后就一个人进去，看当时各种各样的祭祀的场景等。

陈超:

身临其境的感觉。

王巍:

对,我觉得非常好!这方面有太多的可以发挥的空间。

尹旦萍:

比如说我们湖北省博物馆有一个镇馆之宝,王老师肯定知道——越王勾践剑!对于很多文物爱好者来说,很可能就会想,要是这把宝剑属于我自己该有多好啊!湖北省博物馆就通过这种现代化的科技,把它变成一个数字藏品。当你购买了这个数字藏品之后,在手机上一点开,马上跳出来的就是你自己的名字,感觉这就是你的剑了。同时你在手机上可以旋转、放大、缩小,你可以看清这把宝剑每一个细节的特征!所以科技让这个文物告别了冰冷的高冷的形象,让它进入了我们的生活之中。据说发售的那天,60多万人在网上抢购这一万把剑,3秒钟就卖完了!

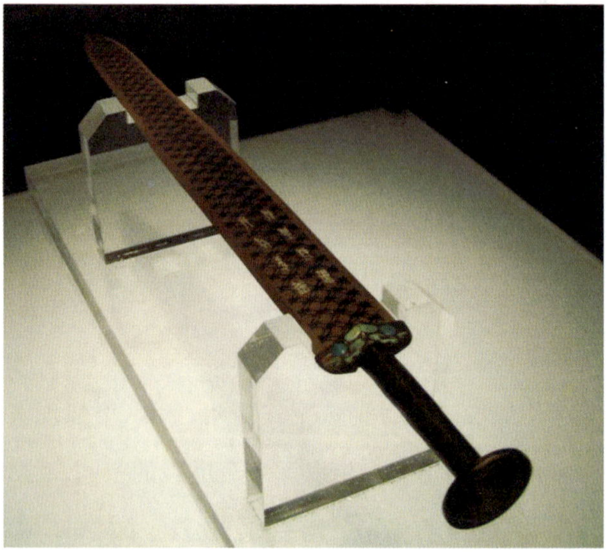

陈超:

限量发售的?

尹旦萍:

限量发售,对!

陈超：

所以你看这个好的文创产品也是很受大家欢迎和喜爱的，对不对？

尹旦萍：

我们今天现场也带来了一些文创产品。

陈超：

王教授，我知道您是考古专家、文物专家。但是您知道吗？我觉得今天我们摆上桌来的这几件器物，您还真不一定知道它们是做什么用的。

陈超：

您先猜猜这个。

王巍：

这个我知道，这个是虎座鸟架鼓！

陈超：

您猜它是做什么的？

王巍：

手机架？

陈超：

回答正确！它真的就是一个手机架，所以你想象一下当咱们靠在沙发上，以虎座鸟架鼓作为我们的手机架在家里刷剧，是一种什么样的感受？

王巍：

这当然都是楚王级别的！

陈超：

这还有您念念不忘的越王勾践剑，您猜这一件是做什么用的？

王巍：

是不是吊坠啊？

陈超：

您拿在手里看看。我觉得这个您肯定猜不着，大家也可以猜一猜这把越王勾践剑。

王巍：

我当时想这是不是优盘，但是没有看出来能当作优盘的样子。

陈超：

优盘应该有USB接口。

王巍：

对，对。

陈超：

这样，我给大家揭晓一下吧。它其实是一张公交卡！所以您带着它上公交车的时候，亮剑就是刷卡。

这其实是一个优盘！

王巍：

啊！这是优盘。我觉得这个我可以用。

陈超：

筷子盒，看看细节做的。

王巍：

感觉放不下一双筷子，是不是？熏香？

陈超:

回答正确!对,就可以把精油滴在这个盒里面。

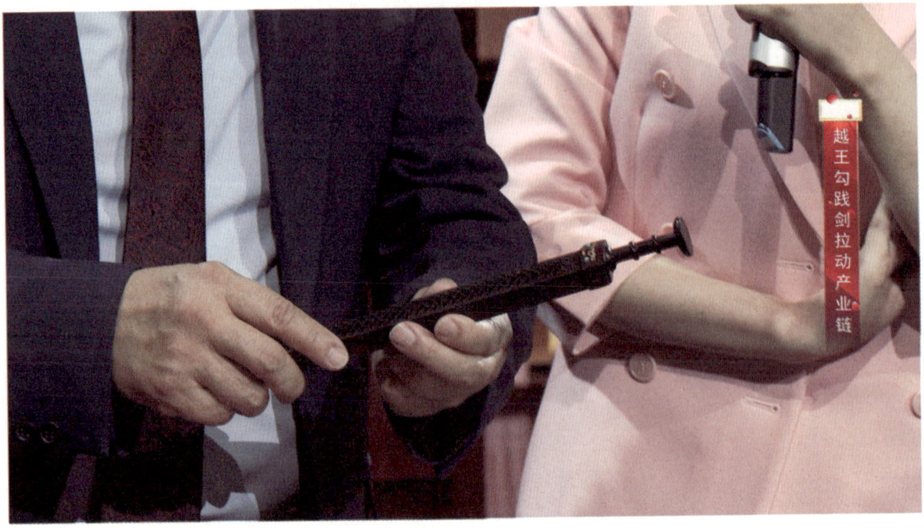

陈超:

这边还有,这个我相信尹老师应该会比较感兴趣啊!

尹旦萍:

这是一个项链。编钟!

陈超:

没错。还有这个手镯,也是一个小编钟挂在手上。

尹旦萍:

确实很精美!真的。

陈超：

我感觉尹教授已经想把这个手镯往自己手上戴了。

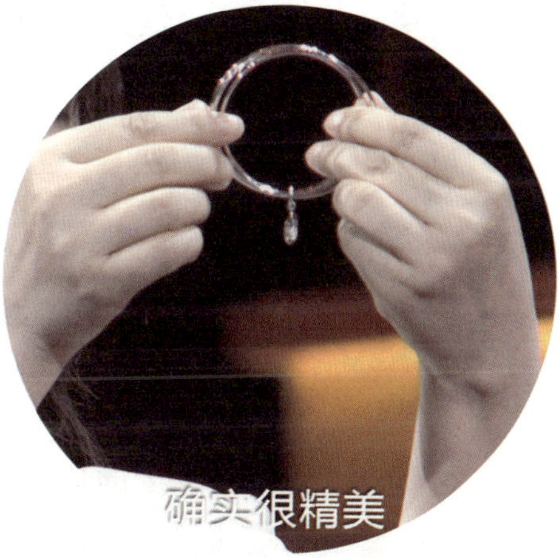

尹旦萍：

对，我要买一个，到博物馆去买一个。

陈超：

咱这还有美食呢，蛋糕！这个应该是元青花四爱图梅瓶。这也是我们省博物馆的一件镇馆之宝！

尹旦萍：

这是越王勾践剑做成的一块蛋糕，我舍不得吃它。

王巍：

太精美了！咱们吃了还得了。

陈超：

所以你看，我觉得美好的事物尤其是美食一定要和大家共享！所以今天我们现场有没有哪一位观众也想来品尝一下“越王勾践剑”？

陈超：

通过我们的文创产品，包括美食，其实真的是一种很好地让文物活起来的方式，而且也让文物走进了我们的日常生活。

王教授，我们知道您是全国人大代表，那您有没有曾经提过让文物活起来的具体的建议呢？

王巍：

我提过，2022年3月召开的全国人大会上我就提过这个提案：选择我们国家的一些中心城市，如历史文化积淀深厚的中心城市建设中华文明主题乐园。做考古的就是有一个苦恼，就是怎么样能让民众更好地了解中华文明，包括习近平总书记提到的让文物活起来。展览也是一种方式，我们可以看到比如说上海迪士尼、北京环球影城，从国外引进了好多这种主题乐园，这对于促进我们的旅游是有好处的。但是我们中华文明这么丰富的内涵，为什么不建设自己的主题乐园呢？所以现在我觉得应该建造一个以沉浸式的感受体验中华文明丰富内涵的主题乐园，让我们的青少年、让国内外的游客在里面游玩。让国人，尤其是青少年们来了解我们的历史，我们的五千多年文明史中一系列的发明创造，我觉得这是我们考古能够贡献给民族的最好的礼物！

尹旦萍：

我们一定要有自己的创造！我们一定要立足新时代有新的文化创造！所以这些年来，我们湖北省在发展公共文化方面，确实是取得了历史性的一些成就。比如在公共文化场馆方面，基本实现了全覆盖，无论是城市还是农村，图书馆、博物馆、体育馆、美术馆、展览馆，总有一馆属于你！我们湖北省图书馆每年举办的高端讲座能达上百场，举办的展览会平均有50场，每年都是这么多。我们还建成了24小时图书馆，就是不打烊！你什么时候想去看书，都没问题。光谷片区正在建设15座城市书房，让光谷片区的人在12分钟之内，一定可以找到一个属于自己的书房。这种公共文化服务体系逐渐在建成、在完善了。其实不仅是城市，还有农村，现在湖北省建成了11000多座数字农家书屋，还配了有声读物。农民在去干活的路上或者干活的途中，可以听着音乐、听着那些读物去干活。所以这个真的就成了乡村文化振兴的一道美丽的风景。

陈超：

你看刚才我们为大家介绍了这些年来，湖北在公共文化服务方面所做出的这些举措。其实近年来，国家也生产出了一批高质量的文化产品，对像我们年轻人都很喜欢看的《觉醒年代》。

尹旦萍：

《觉醒年代》本来是作为建党100周年献礼的一个电视剧。这个电视剧中有一个场景，我看了之后印象特别深刻。就是1920年腊月二十三日，李大钊送陈独秀出京，在沿途中就看到，海河大堤两岸成千上万的灾民们过着一种惨不忍睹的生活。然后两个人有了一段对话，我们一起来看一下：

影视片段《觉醒年代》

——我想通了，我们得建党，我们得有一个坚强的领导核心。

——你想建一个什么样的党？

——一个用马克思学说武装起来的先进政党；一个可以把中国引向光明，让中国人能够过上好日子的，无产阶级的政党。

——你为什么要建这个政党？

——不为什么，我为了他们，我为了他们，我为了他们！能够像人一样地活着！为了他们能够拥有人的权利、人的快乐、人的尊严！

——好，仲甫兄。让我们对着这些同胞宣誓吧！

——来，让我们宣誓！

——为了让你们不再流离失所，为了让中国的老百姓，过上富裕幸福的生活。为了让穷人不再受欺负，人人都能当家作主。为了人人都受教育，少有所教，老有所依。为了中华民富国强，为了民族再造复兴。

——我愿意奋斗终生！

——我愿意奋斗终生！

尹旦萍：

这就是经过一定艺术加工的南陈北李相约建党的故事。中国共产党的这两位创始人，他们对人民的悲悯、对国家的热爱、对信仰的笃定，不再是扁平化地停留在历史书上，而是通过这样一个个感人的场景呈现出来，立体、丰满、有血有肉。有观众留言说如果主旋律电视剧都这么好看，我宣布从此以后我爱上主旋律。还有个观众留言，没想到党史也可以拍得这么生动、这么有趣。

陈超：

所以说并不是红色革命故事不精彩，而是可能以往我们讲述故事的方式，没有找到一个最合适或者说更好的角度来展现它。在党的带领下，我们共同奋斗100年，其实我们可以自豪地对这些先烈说，当今的中国如你所愿！

尹旦萍：

所以人民群众需要什么，我们就提供什么。通过这些年来文化事业和文化产业的发展，我们的老百姓就过上了一个有温度的、有质感的美好生活。

王巍：

国家2035年建设社会主义文化强国，我觉得在文化事业和文化产业方面，包括我们的文创、文艺作品、博物馆，也包括我那个考古主题乐园的理想，希望都能够在建设社会主义文化强国当中发挥作用。

陈超：

今天我们现场还有这么多年轻的朋友，我相信听完了两位专家的分享，也有很多问题想要和两位进一步地交流。所以接下来我们就有请现场的朋友踊跃地举手发言。

好，这位女生有请！

现场观众：

王老师，你好！就是我想问一下，现在的科技是如何融入考古研究当中的呢？

王巍：

现在科学技术融入考古是达到了相当的广度和深度。各种科学技术手段的应用，所有的自然科学，大的学科如物理、化学、天文、地质、遗传等，都运用当中，而且确实发挥了重要的作用。包括我们讲的黄牛、绵羊，要是没有DNA，谁能想象是西亚的，说是我们原产的也有可能啊，对吧？然后粟、黍，原来我在日本留学的时候都说，粟、小米是中国的原产，这没问题。但是黍，即黏的黄米，在西亚出现黍有七千年了，但我们只有六千年，所以认为它是西亚的原产。但是经过我们不断地研究和后来DNA的研究证明，黍也是从中国传过去的。只有自然科学的技术手段可以一锤定音。甚至你这个人，出生以来一直在当地生活还是从外边迁徙来的，通过人体当中含的锶同位素，因为不同时期的水的锶质不一样，一方水土养一方人，对不对？然后就可以判断出来你到底从哪里来。

陈超：

所以你看考古工作，其实也是需要多学科相融的。

好，那接下来我们就有请我们云上学习团的朋友来提问。

云上学习团

王巍老师，您好！我是来自柏林洪堡大学的邓宇宸。关于您之前讲的文明的起源标准，东西方有些地方的判断标准似乎不一致，因为我曾经看到国外有些人对于中华文明绵延五千年的时间有所质疑。所以能请您帮忙详细地再讲一下吗？谢谢！

王巍：

这个问题很有意思。从2013年开始，中国社会科学院和上海市政府联合举办世界考古论坛。在上海每两年一届固定，然后请世界上的200位左右的知名学者，来推荐前两年度的世界中的重要考古发现和重要研究成果。结果首届论坛我们的良渚和石峁就入选前两年度的世界十大考古发现，我们的探源工程入选世界九大重要研究成果。之后我们就带着他们去参观良渚。我始终跟着这个世界上最著名的教授——剑桥大学的名誉教授伦福儒勋爵，我说伦福儒教授，我们做了探源，做了这么多年，我们觉得良渚应该已经进入到文明社会了，你怎么看？他说这当然是文明，这不是文明什么是文明？那么发达的农业，那么大的贫富分化，还可以组织那么多的人力修建内城300万平方米。这是什么概念，相当于是四个故宫，然后外城是八个半故宫。他说如果只是什么部落联盟，哪能指望它能组织这么多的人力持续地来做这些事情？所以我们要把这些考古发现向国外介绍。

还有一个例子就是2019年7月6日，良渚遗址成功入选世界文化遗产名录，理由就是良渚向我们展现了一个以发达的稻作农业为基础，存在明显的社会分化和统一信仰体系的区域性早期国家形态。所以我觉得我们下一步的任务就是要向世界更好地介绍包括石家河、良渚、夏王朝建立之前的我们区域性的早期文明。我相信只要尊重事实，我们的方案是会得到认可的。

陈超：

你看咱们经常说一句话：有图有真相！咱们不仅仅有图，还有发掘出来的文物，还有遗址。我们的考古发掘过程，可以面向世人直播，大家都是见证者，你说还有什么比这更有说服力的。

今天咱们神州大地一片勃勃新姿，在大江南北、在雪域边疆，爱党、爱国、爱社会主义的浓厚氛围已经形成，社会主义核心价值观也深深融入了人民的生活。中国故事、中国声音跨越五洲四海！

再次感谢两位专家的精彩分享，也再次感谢我们现场和线上朋友的倾情参与。在节目的最后让我们共同来看一个短片，短片当中的主人公是一个美国小伙，最初他只是被中国武术吸引，于是他就来到了湖北武当山习武，没想到由此就对我们中华优秀传统文化彻底地着迷了。接下来就让我们共同伴随着这个短片来结束今天的节目。

短片画外音

现在我最喜欢喝茶

喝普洱 喝白茶

到现在我养成了一个习惯

我觉得喝茶是最好的风水

我有学生在美国

也有在加拿大

也有欧洲的学生

然后带了网课

武术 太极拳

道家文化

吹洞箫

大家好我叫杰克

我来自美国

我现在在中国

在武当十堰市有12年多一点点

我来中国的原因就是

第一理由就是我要过来学武术

所以我想找到一个真正的地方

应该要找到那个根

根就在中国

“是要平的，是吧

就是你看啊，

就是

one two three

是吧，拿着”

我已经在这儿这么多年

我已经成家了 有孩子

结婚了 跟一个中国媳妇

我非常喜欢这个地方

现在武当十堰就是我的第二个家

“好不好吃”

“好吃啊，应该好吃，

我女儿做的，最好吃”

12年前我第一次到中国

第一次来武当山

我从美国到北京 转到武汉

然后从武汉机场坐火车

是有七八个小时吧

然后到现在完全不一样

现在武当山有机场

有高铁

那个高速都是全新的

我非常喜欢中国文化还有道家思想

我最近在写一个英文版的

讲五行气功的书

动作怎么做的

然后它的概念

它的内容

所有的要讲出来

还有一个书也是英文版的

吹洞箫的 就是乐器

我的梦想就是

把这个武当文化传到国外

然后让更多的人了解武当武术

道家文化

短片画外音

如今

武当杰克的故事仍在继续

未来

杰克最大的梦想

就是在美国开一家武当武术馆

更好地将中华文化传播开去……

扫一扫观看更多精彩

第9篇

京城律师变身带货达人

——民族复兴的脊梁

嘉宾介绍

杜志章，历史学博士。华中科技大学华中智库副院长，国家治理研究院副院长，马克思主义学院教授、博士生导师。英国剑桥大学丘吉尔学院访问学者，获华中科技大学“教学质量一等奖”，入选湖北省宣传文化人才培养“七个一百”工程（哲学社会科学类），入选湖北省“青年马克思主义理论家”培养计划。

徐志新，北京市地平线律师事务所高级合伙人，湖北省燕儿谷生态观光农业有限公司董事长，罗田骆驼坳镇燕窝垸村第一书记。湖北省第十三、十四届人民代表大会代表。拥有多重身份的徐志新现在是热门“网红”、带货主播。他在创新的路上，一次次勇攀高峰，盘活了家乡的绿水青山，改善了村民的生活，为后代留住了金山银山。

引子

本期《改变中国的真理力量》，主持人陈超与复旦大学中国研究院院长张维为教授、华中科技大学国家治理研究院副院长杜志章一道，带领观众深刻感受中华民族伟大复兴的征途上，中国共产党的坚强领导力量！

本期精彩

陈超：

各位好，这里是《改变中国的真理力量——〈习近平谈治国理政〉第四卷学习辅导公开课》的现场，我是陈超。今天除了现场参与学习的朋友们之外，我们还有云上学习团的30位成员，参与现场的交流互动，欢迎大家。

今天我们也非常荣幸地邀请了两位嘉宾，首先我要为大家介绍的是复旦大学中国研究院院长张维为教授，欢迎您。

接下来我们来欢迎华中科技大学国家治理研究院副院长、马克思主义学院教授杜志章先生，欢迎。

陈超：

习近平总书记也曾经说过，要为人民书写伟大的史诗。党的十八大以来，以习近平同志为核心的党中央，从国家战略的高度，为湖北发展作出了一系列重要指示。十年来，习近平总书记先后5次考察湖北，参加全国人大湖北代表团审议政府工作报告，向湖北提出了“四个着力”“四个切实”的要求，也寄予湖北建成支点，走在前列的期望，在打赢新冠疫情湖北保卫战、武汉保卫战之后，又作出“三个没有改变”的重要判断，为我们湖北的改革发展指明了前进方向，也提供了根本遵循。我们湖北人民也牢记习近平总书记的嘱托。攻坚克难、勇毅前行，成功地跻身了中国经济高质量发展的第一方阵。

杜志章：

的确如此，在以习近平同志为核心的党中央领导下，湖北经济迎来了历史上发展最好的时期，也是最快的时期。湖北地区总产值由2012年的2万多亿元，上升到2021年的5万亿元以上，增长了一倍，在全国31个省、区、市排名第7位。尤其是在经历了新冠疫情冲击之后，2021年湖北经济重回主赛道，书写了感恩奋进，浴火重生的英雄答卷。

陈超：

感谢您的分享。我相信这一系列数据就是最好的证明。党的十八大以来，在以习近平同志为核心的党中央领导下，举全党之力、全国之力打赢了精准脱贫攻坚战。提前十年实现了联合国2030年可持续发展议程的减贫目标。可以说是历史性地解决了困扰中华民族几千年的绝对贫困问题，创造了人类减贫史上的奇迹。所以接下来，我也特别想请教一下张教授，您是如何来理解中国减贫成就对于全世界，乃至全人类它所具有的一个意义呢？

张维为：

首先这是非常了不起的成就。我引用几个数字来看一下，到2020年我国全部消除绝对贫困，这个时候全国的贫困区人均可支配收入是12500多元。这本身是远远高于我们2011年定的标准了，高了一倍多了。另外，中国采用这个扶贫的模式，是真正的扶贫，从根上解决问题的扶贫。

陈超:

因为我奶奶家也是在鄂西山区，我每年过年回家的时候，家乡都会有一个大的变化，而且你看咱们湖北省虽然是受到新冠疫情影响，但是在党中央的坚强领导下，我们湖北省仍然与全国人民一同打赢了脱贫攻坚战，那接下来我们一起来看一段短片，请看大屏幕。

短片画外音

这十年，湖北省城镇居民的人均可支配收入，从2012年的20840元增长到2021年的40278元。农村人均可支配收入从2012年的7852元增长到2021年的18259元。湖北人民实现收入翻一番。截至2020年，湖北37个贫困县全部摘帽。全省581万贫困人口全部脱贫，书写了中国减贫奇迹的荆楚篇章。

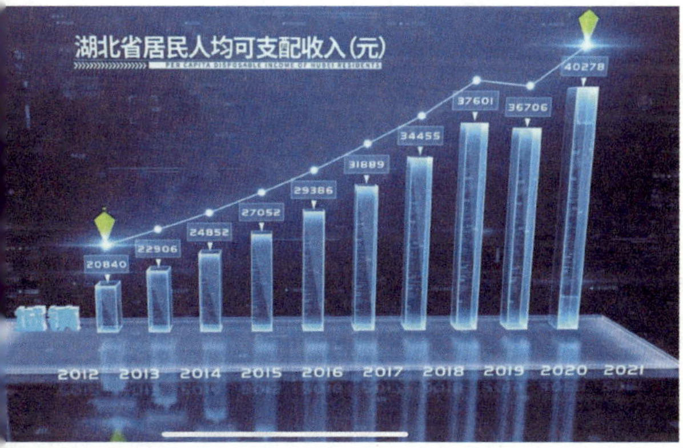

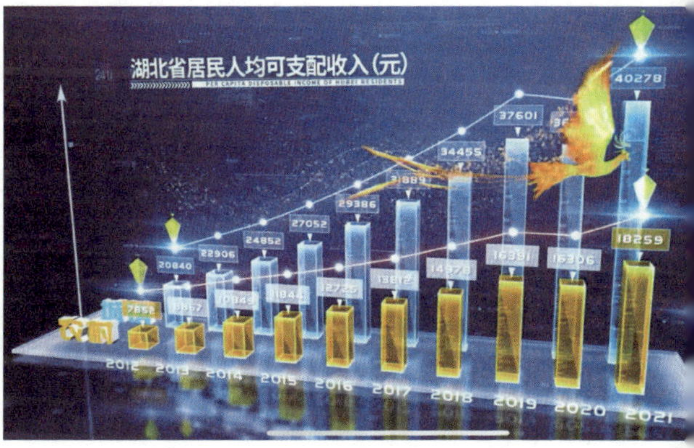

陈超：

接下来，我们特别想跟大家分享一个发生在我们湖北这片红色热土黄冈的基层治理的典型故事。我们一起来看一段短片。

短片画外音

湖北卫视主持人小熙：今天我们来到了黄冈市罗田县燕窝湾村，我们看看这里是如何在党建引领下，建设红色美丽乡村的。徐书记，您好。

徐志新：你好。小熙好。您好，欢迎。

湖北卫视主持人小熙：很荣幸见到您，您带我到里面逛逛吧。

徐志新：好，我们去看看。

湖北卫视主持人小熙：徐书记，您的党龄有多少年了？

徐志新：如果算预备期，算上去那就34年了。我回来的时候，支委的平均年龄是57岁。现在我在这支部里是岁数最大的，我们新任的村支书是"90后"，在联合党委下面的六个支部里面，有几个"90后"做村"两委"的主职工作。

湖北卫视主持人小熙：我有一个很好奇的问题，您当时在北京是京城大律师，为什么会想到回乡里来呢？

徐志新：我离开大别山，是响应黄冈市委"三个放活"的号召，回到大别山，也是响应黄冈市委"一派两聘"的号召。

12年前，大家都习惯把燕窝湾村称为"厌人湾"。老百姓的人均纯收入不到1000元，现在已经达到了20618元。未来1年半到2年，我们都可以达到30000元。燕儿谷这个村的沧桑巨变，实际上是国家脱贫攻坚和乡村振兴这个大的时代背景下的党建引领下的改变，是中国乡村故事其中之一。我们还迎来了外地人，新的燕儿谷人，这里面有本科生，有硕士生，还有博士生。

湖北卫视主持人小熙：现在应该叫燕归巢。

徐志新：燕归巢。

湖北卫视主持人小熙：今年预计这个收成怎么样？

种植户：肯定好。

徐志新：预计肯定好，你只管负责种好，我负责卖好。

短片画外音

2011年，徐志新响应国家号召，毅然回到家乡搞建设。他把村里的党员干部召集起来，以党建引领促发展，把党组织建在产业上。经过十二年的探索，他闯出了一条属于燕窝湾村的发展新路子。

徐志新：2017年，1000多罗田的父老乡亲被骗了。我马上就组织了9个人的法律援助律师团，追回了接近6000万元的损失。

湖北卫视主持人小熙：您是怎么会想到做电商直播这件事情的呢？

徐志新：湖北遭遇了突如其来的新冠疫情，导致农产品卖不出去，所以在这个时候，我就迅速启动了电商工作。

【直播间卖货】3、2、1，上链接，2900吨，2700单，没有了。

徐志新：我们湖北卫视的美女主持人，可以上来。

湖北卫视主持人小熙：徐书记，您好，您好！大家好！

徐志新：这是卫县长，卫松。

湖北卫视主持人小熙：你好，先跟直播间的粉丝们打个招呼，大家好，我是湖北卫视的主持人刘熙烨，小熙。很荣幸。杨儿杨是从重庆过来的呀。

杨儿杨：对，我重庆。

湖北卫视主持人小熙：你看咱们湖北的助农兴农的这个产业，吸引到了全国各地这么多优秀的主播到我们黄冈这个革命老区来。

徐志新：湖北黄冈罗田的党委政府非常重视直播电商和智慧零售，甚至还把它写入了政府工作报告。这就形成了一个良好的电商创业的环境，非常好，所以这个是能吸引人的。

杨儿杨：既然美女主播来了，我们最后再来一拨，好不好。

卫松：发点福利，好不好，给大家来点福利！

徐志新：这是湖北襄阳谷城的枣花蜜。

湖北卫视主持人小熙：枣花蜜，襄阳谷城的枣花蜜。

徐志新：9块9，150克。

杨儿杨：本来是29块9的。

湖北卫视主持人小熙：9块9给到你们，150克送给大家。

杨儿杨：很多人都说。

徐志新：人家夸你漂亮呢。

湖北卫视主持人小熙：小熙为什么漂亮，都是因为喝我们襄阳的蜂蜜喝的。

徐志新：哈哈哈，赶紧上3000单。

爷爷：赶紧上3000单。

杨儿杨：爷爷开心吗？5、4、3、2、1，上链接！

爷爷：直接上10000单。

杨儿杨：5、4、3、2、1，上链接，刚才3000单没了？

徐志新：没了，没了。

杨儿杨：我还没介绍呢，不用介绍，这东西简直是爆款中的爆款，真的。

徐志新：67万单，这个品。没有了，感谢大家。111万了，112万了。

短片画外音

有了主心骨，乡亲们干劲也越来越足。有了头雁，村子也完成了由传统农业向现代化农业的成功转型。

湖北卫视主持人小熙：您是我们燕窝湾村的人吗？

燕窝湾村民：对，是的。

湖北卫视主持人小熙：一直在这里生活，做这个您的收入大概有多少呀？

燕窝湾村民：收入还不错，还可以。

湖北卫视主持人小熙：可以透露一下吗？一年能赚多少？

燕窝湾村民：反正我们，像我们一年在外面也搞不到多少钱，在家里还可以，一般的有2000多元，一个月。

湖北卫视主持人小熙：徐书记，她们都是燕窝湾村的村民。

徐志新：这是啊，这都是。罗巧云，原来是我们这里贫困户。

湖北卫视主持人小熙：大姐你现在在这里工作，一个月收入能有多少呀？

燕窝湾村民：一个月收入2000多元。

湖北卫视主持人小熙：那除了这里的工作，在外面做工的话，又可以多一份收入了。

燕窝湾村民：对对对。

徐志新：她还是燕儿谷文艺宣传队的。

燕窝湾村民：文艺宣传队，搞过踩莲船。

湖北卫视主持人小熙：大姐今天在燕窝湾村，我们欣喜地看到，越来越多的年轻党员、新鲜血液汇聚到这，积极投身到美丽乡村建设的基层工作当中。我们也看到这里老百姓的生活，过得是越来越好了。相信这

片红色热土，在党建工作的引领下，未来将会呈现出更多的新风貌，新改变和新希望。

世界
板栗

杜志章：

在党建引领下，黄冈的红色美丽乡村建设已经成为湖北基层社会治理的样板，已经形成了党委领导、政府负责、群众参与、社会协同的共建、共治、共享的基层社会治理格局。

陈超：

我相信，只要我们深刻领悟“两个确立”的决定性意义，增强“四个意识”，坚定“四个自信”，做到“两个维护”，自觉把湖北工作放到党和国家事业发展全局中谋划推动，一丝不苟贯彻落实党中央决策部署，就一定能够创造新时代更加辉煌的业绩。那么到了这里，我也特别想听一听两位老师在带领着我们一同学习《习近平谈治国理政》第四卷的过程中自己的一些心得体会，可以分享给我们吗？杜教授。

杜志章：

从三个方面我们来回顾《习近平谈治国理政》第四卷的学习。第一个是回顾过去，在过去的一百年，中国共产党团结带领中国人民不懈奋斗，实现了中华民族从站起来富起来到强起来的伟大飞跃。可以说在过去的十年，在以习近平同志为核心的党中央的坚强领导下，我们党和国家的事业取得了历史性的成就，也发生了历史性的变革。立足现在，我们比历史上任何时期，都更接近中华民族伟大复兴的目标，比历史上任何时期都更有信心、更有能力实现这个目标。然而实现中华民族伟大复兴，绝不是轻轻松松，敲锣打鼓就能实现的。全党必须准备付出更为艰巨、更为艰苦的努力。那么面向未来，我们必须始终坚持党的全面领导，正如《习近平谈治国理政》第四卷的第一部分最后一篇文献所指出的，只要坚定不移坚持党的全面领导、维护党中央的权威与集中统一领导，我们就一定能够确保全党全国拥有团结奋斗的强大政治凝聚力、发展自信心，聚集起守正创新、共克时艰的强大力量，形成风雨来袭时全体人民最可靠的主心骨。我们相信，只要我们坚持党的全面领导不动摇，坚决维护党的核心和党中央的权威，充分发挥党的领导的政治优势，把党的领导落实到党和国家事业各领域、各方面、各环节，就一定能够确保全党全军、全国各族人民团结一致向前进，以更加优异的成绩迎接党的二十大的胜利召开，以更加豪迈的步伐，迈向中华民族伟大复兴。

陈超：

特别感谢杜老师的分享。咱们一直都说，中国共产党自诞生以来，就以为中国人民谋幸福、中华民族谋复兴作为自己的初心和使命，我想正是这样非凡的初心和使命，引领着这样一个伟大的政党，从小到大，由弱到强，也带领着我们全国各族人民，从胜利走向辉煌。所以通过我们这段时间的学习，我们更加坚定了自信，也知道了未来要努力的方向，而且我相信我们每一个中国人，我们的每一位人民都是伟大历史的见证者和创造者。我们也希望在未来的日子里，可以共同为中华民族伟大复兴，贡献出属于自己的一份力量。我们也再次感谢张教授和杜教授，也感谢每一位嘉宾，为我们上的这一堂堂精彩的《习近平谈治国理政》第四卷学习辅导公开课。

扫一扫观看更多精彩